JN246004

言葉とアートをつなぐ教育思想

渡辺哲男・山名 淳・勢力尚雅・柴山英樹 編著

晃洋書房

目次

序論　言葉とアートを「つなぐ」ということ

渡辺哲男

1　「言葉」をめぐる今日的状況——本書のめざすところ

率直にいって、本書は時代に逆行した本かもしれない。いきなりこういってしまっては元も子もないので、このことを自己弁護的にいい換えるなら、本書は今という時代を「相対化」する本、となるだろうか。

巷では、「プログラミング的思考」や「論理的思考」の育成を謳った本が堰を切ったように出版されている。周知の通り、二〇二〇年から小学校でプログラミング教育が必修化されるが、これに向けて、プログラミング教育とは何か、あるいはプログラミング教育で目指すものは何か、さらには、プログラミング教育をどのように教材化するか、などといった本が、書店の教育関係の書棚に目立ち始めている。

二〇一六年六月に出された、「小学校段階における論理的思考力や創造性、問題解決能力等の育成とプログラミング教育に関する有識者会議」による議論のとりまとめには、次のような文言がある。

これからの時代を生きていく子供たちには、ますます身近となる情報技術を効果的に活用しながら、複雑な文脈の中から読み解いた情報を基に論理的・創造的に考え、解決すべき課題や解決の方向性を自ら見いだし、多様な他者と協働して新たな価値を創造していくための力が求められる。ここで言う「創造」とは、グローバルな規模でのイノベーションのような大規模なものに限られるものではなく、地域課題や身近な生活上の課題を自分なりに解決し、自他の人生や生活を豊かなものとしていくという様々な工夫なども含むものである。(「小学校段階におけるプログラミング教育の在り方について(議論の取りまとめ)」2016 http://www.mext.go.jp/b_menu/shingi/chousa/shotou/122/attach/1372525.htm、二〇一八年五月五日閲覧)

つまり、理系的なプログラミング技術を小学生に身につけさせること自体が目的なのでは無く、プログラミングという営みを通して、これからの時代を生き抜くために、自身の力で問題解決ができるような「論理的思考」を育成したい、ということなのである。

たとえば、App Storeから無料で入手できる『Springin'』という、iPhoneやiPadで簡単にできるソフトがある。このソフトでは、好きな図形を描いて、それらの図形がどのように動くかなどの属性を与えたり、他の図形との動きの関連性などもつけたりして遊ぶことができる。要するに、簡易にプログラミング学習ができるソフトである。このソフトには綿密なマニュアルが存在しないので、プレイヤーは自分で試行錯誤しながら属性をどう与えるかを学び、また、ある属性を与えるとどうなるか、どうすれば自分の考えたとおりに当該の図形が動くか、といったことを考えることになる。さらには、コンピュータにある指示をするとどう動くかを想像できるようにもなるという。「Aのように動かすとうまくいかないから、Bのように動かしてみよう」、「Bのように動くとうまくいったから、こちらの図形はCのように動かせば、同じようにうまくいくな」などと思考しながら、その過程である種の問題解決能力を「論理的」に導くことができるようになり、自分の目的を実現するためにもっとも効率的な組み合わせや手順をコンピュータに指示できるようになるわけである。

本書が、こうした「プログラミング教育」に両手を挙げて賛同し、「プログラミング的思考」が育成できるマニュアル本になっていれば、恐らく、結構「売れる」。しかしながら、この点が本書の勘所なのだが、本書は、この「プログラミング的思考」が今日必要とされていること、あるいは必要とされた背景については了解しつつも、全面的に賛成もしないし、全面的に反対もしない。いま、こうしたことが目指されているということを前提として、本当にそうしたことを目指してよいのか、あるいは、この時代状況から一歩距離をとって、こうしたことが目指されているのはなぜなのかを考えてみたいのである。「プログラミング的思考」を別の角度からみてみることで、現状ではみえにくかった別の問題が浮上したり、問題を打開するために別の方策も考えられたりするのではないだろうか。

そのことを論ずるために、また、今日における「言葉」をめぐる状況を概観するために、この序章では、「論理的思考」や「プログラミング的思考」が盛んに論じられている状況と、それとは「対立」するように思われるが、やはり最近多くの論者が（用語はそれぞれ論者によって異なるが）共通して論じているように思われる「詩的な言葉」への着眼を比較的に検討しておきたい。

とはいえ、賛成も反対もしない、という意味では、本書の立ち位置は微妙であり、「プログラミング教育が役に立つのか立たないのか早く知りたい！」と考えている方には答えをはぐらかすような議論が展開されることになり、回れ右をされてしまうかもしれない。だが、まさに私たちがめざしているのは、安易に答えを出そうとするのではなく、あえて「冗長に」、そして本筋からは一見逸れたようなテーマをもって――その意味で「論理的」に思考していないかもしれない。しかしながら、実は本質的な問題をずばりと突いている――今という時代を俯瞰してみるということである。あるいは、先に「対立」と書いたが、「プログラミング的思考」と「詩的な言葉」は、本来的には、対立させて議論すべきものではなく、どのように共存させるのかを考えていくべきことであろう。この「共存」の可能性も、本書の検討から明らかになってくると思われる。

こうした検討のために私たちが考えたのが、言葉とアートを「つなぐ」ということなのである。本書の執筆者の主たる専門は、国語科教育、教育哲学、哲学・倫理学、美学と多彩である。タイトルに「教育思想」とついていながら、執筆者を教育学の研究者に限定していない。なぜなら、「教育」を教育学研究者だけで語る時代は、とうに終わっているように思われるからだ。本書でも語られる「哲学対話」は、教育現場のありようを改革しうる新しい学びのスタイルを模索したものであるが、実践的に取り組み始めたのは、哲学や倫理学を専門とする人びとである。こうした現況をふまえても、いまこそ、私たち教育学研究者は、自らの領域に閉じこもらず、いわば「ハブ（hub）」（将棋の羽生ではない。羽生にもなりたいが）となって、「教育（学）」を新たな視点から語りうる領域の人びとと交感する必要があるのではないだろうか。

本書の編者のうち渡辺、山名、柴山の三人は、本書の刊行まで、六年にわたって二回の科学研究費基盤研究(C)を得ての共同研究を継続してきた。前半の三年の研究成果については、研究成果報告書を印刷している（渡辺編 2016）。その後、哲学・倫理学が専門の勢力が加わった後半の三年の研究成果が本書ということになる。とりわけこの三年で、教育学以外の領域の人たちとの交感が深まることとなった。その交感の深まりを、私たちは、言葉とアートを「つなぐ」という独特の表現で示すことにしたのである。

2　「プログラミング的思考」「論理的思考」はなぜ必要か？

さて、こうした「プログラミング的思考」あるいは「論理的思考」がなぜ学校で求められるようになったのか。ここでは、二つの事例を挙げておきたい。

第一には、先に引用した有識者会議の取りまとめによれば、与えられた目的のなかで大量の情報を処理、分析する人工知能が進化を続けていくという状況において、人間は、自身の環境を認識しつつ、他者と協働しながら、その目的をいかようにするかを議論していかなくてはならないからということになろう。人工知能の飛躍的な進化を鑑みて、いいかえれば、人工知能と人間の能力が拮抗してきたということを踏まえると、人間が固有にできることが何か、という問題の追究は、より重要になってくる。

国立情報学研究所の新井紀子が、『ロボットは東大に入れるか』（新井 2018b）などに明らかにしたように、人工知能が入試問題を解き、最終的には東大に入学できる点数を取らせようとする、いわゆる「東ロボくん」プロジェクトは、すでにMARCHレベルであれば入学可能性がかなり高い段階にまで達しているという。しかしながら、新井は、二年前にこのプロジェクトをあえて方向転換させ、これまでの成果をもとにして、子どもの「読解力」を向上させるにはどうすればよいかを考えるようになった（新井 2018a）。現段階では、言葉の意味を読みとることができない人工知能は国語や英語の点数が低いのだが、翻って人間が人工知能以上の読解力を有しているのかというと、全国で読解力の調査を行った新井によれば、それははなはだ疑問で、いまや中高生と人工知能の読解力は同程度、あるいは人間が下回っているともいえるという。

たとえば、新井たちが行った読解力調査のなかに、「Alexは男性にも女性にも使われる名前で、女性の名Alexandraの愛称であるが、男性の名Alexanderの愛称でもある」という文に即して、「Arexandraの愛称は（　）である」の空欄に当てはまる言葉を①Alex　②Alexander　③男性　④女性　から選ばせたところ、中学生全体の三九％が④（正答は①で三八％が選択）を選んでしまったという（新井 2018a: 201）。

新井がプロジェクトの舵を切った理由は簡単に説明すればこのようなことになる。新井の「方針転換」からに、飛躍的な進化を遂げる人工知能を私たちが使いこなす前に、私たち人間が人工知能に「使われる」（人工知能を中心とするネットワークの一部になる）ような状況が起きてしまうことに対する強い危機感が感じとれる。このままでは、私たちは、Siriに指示されたまま、周辺の美味しい店にご飯を食べに行くだけになってしまうということだろう。

私たちはそれ以前にSiriのようなものを創れなければならないのである。新井の主張も、「プログラミング教育」も、人間固有言語の能力の追求という点においては重なり合う。

第二に挙げておきたいのは、『みんなの学校』で知られる木村泰子と、カリスマ予備校講師として知られる出口汪のコラボによる著書『不登校ゼロ、モンスターペアレンツゼロの小学校が育てる 21世紀を生きる力』である。木村は、大阪市立大空小学校の初代校長として、公立小学校における「インクルーシブ教育」の先駆をなした人物として知られている。発達障害の子どもを定型発達児の教室から分けずに、同じ教室で学んでもらうことを実践し続けた木村の思想と行動は多くの賞賛を浴びた。また、この小学校の児童と木村たち教師の日常を撮ったドキュメンタリー映画『みんなの学校』が二〇一六年に公開され、これも注目を集め、木村は定年退職後各地を講演で回り、現在も映画の上映会が各地で行われている[1]。

出口は東進ハイスクールなどの予備校で講師をしていた「驚異の現代文」で知られる人物である。その出口が、木村に共鳴したのは、『みんなの学校』に登場した「やり直し」の場面であったという（出口 2016: 144）。「自分がされて嫌なことは人にしない、言わない」という大空小学校における「たった一つ」の約束を破った子どもたちは、校長室で木村校長と「やり直し」を考えて、教室に戻っていく。子どもは、自分が間違いをしてしまったことを自覚し、なぜ間違いをしてしまった、これからどうするかを考えるのである。こうした大空小の営みについて、出口は、「やり直し」の過程で、「論理トーク」（指導者と子どもとのあいだで、論理習得のために行われる会話。出口の造語）が行われていると評価する。論理の基礎である「イコール」「対立関係」「因果関係」が、「やり直し」の会話の中で意識され、相手に伝わるように言葉を話したり、書いたりする能力が高められているのだという。

このように出口が小学校段階からの「論理的な」対話を重視するのは、「ムカつく」「ウザい」などといった「感情語」（感情をストレートに表現した他者意識のない言葉。出口の造語）がテレビやインターネットで溢れ、大人もこうした言葉を使うようになっている場面が多々見受けられることに対する危機感からである（出口 2016: 147ff.）。木村の実践において、感情や考えを論理で表現することを促し、相手に分かってもらえる体験を積み重ねている点に、出口は、木村と自身の考えとの重なりを見出しているのである。

以上の二つの例は、それを必要とする背景は異にしているが、両者ともに、人間の読む・書く（話す）双方における「論理的思考」の欠落を補わなければならないと考えている点で重なり合う。こうした、言語教育の問題が、恐らくもっとも切実に考えなければならないはずの国語科教育ではなく、他領域の人びとから強力に発信されているというのが、最近の特徴といえるかもしれない。

とはいえ、登場人物の心情理解や作者の意図の追究に時間を割いてきた国語科教育に対するアンチテーゼとして、論理的に他者に考えをわかりやすく伝えるためのコミュニケーションスキルをわが国の言語教育で徹底的に訓練すべきだという提案は、それ以前から三森ゆりかの諸研究（三森 2002など）が行っている。三森は、ドイツと日本の国語教育を比較しながら、日本のそれがあまりに（文学教材の場合）心情主義的に登場人物への共感を促すものとなっていることを批判し、「言語技術教育」というレッテルを貼られても、相手に明確にメッセージを伝えるための「技術」を身につけさせることを重視している。

このように、以前から「プログラミング的思考」、「論理的思考」の育成を重視する提言は多く為されてきたのだが、今日においては、新井紀子の提起した「読解力」問題の研究に触発され、再びこうした能力の育成に注目が集まっている。最近の雑誌でも「読解力」や「プログラミング的思考」を特集したものが増えているし、埼玉県戸田市のように、新井紀子が開発したリーディングスキルテストを導入して、市を挙げて「読解力」の向上に取り組もうとする動きもある。

先に述べたように、本書は、こうした「読解力」の危機（の指摘）やそうした指摘を受けて始まったことをすべて否定するものではない。しかしながら、完全にその方向に舵を切ってしまって大丈夫なのか、ということを、一歩立ち止まって考えてみたいのである。

たとえば、筆者自身が現職の教員から聞いたエピソードを挙げておきたい。筆者の前任校の附属特別支援学校で定期的に行われていた、私たち大学教員と特別支援学校に勤務する現場の教師が参加していた研究会で、ある教師が次のような悩みごとを相談してきた。最近ある児童が休み時間などに自分のところに寄ってくると、髪を引っ張ったり腕をつねったりするのだという。その教師は、児童が自分のことを嫌っているのではないか、うまくやっていける自信が無い、といった不安を述べていた。

それに対して筆者は、必ずしもその児童は教師を嫌いで髪を引っ張ったりつねったりしているわけではないのではないか、と応えた。その子は教師のことが「好き」、あるいは、そこまでいわずとも、「気になっている」のであって、でもそれがうまく言葉にならず、手に出てしまっていることもあるのではないかと考えたからである。

筆者は以前、特別支援学校で実際に授業をさせていただいた経験を報告したことがある（渡辺 2014）が、この実践から見出された知見は、必ずしも「特別支援」の現場で起きた固有の問題だと考えるべきではなく、「教育」が普遍的に抱えている問題と捉えるべきだと論じた。筆者の聞いたケースも、特別支援の教室で起きた固有の問題と捉えるべきではない。うまく言葉にならないゆえに、沈黙や意味をとりづらい断片的な表現になったり、あるいは、手がでてしまったりする、ということは、どの教育の現場にもあり得ることだろう。

そうであるならば、私たちは、「論理的思考」「プログラミング的思考」に目を向けることも重要であることを認めつつ、他方で、そうした「論理」の外にある要素、たとえば、言葉にならないもの、あるいは、言葉にならないものが言葉になっていく、つまりは言葉がそれとして起ち上がる過程、さらには、断片的な言葉から次の断片が生み出されるあいだ、などといったものへの着眼も必要となるのではないだろうか。仮に「論理的思考」を身につけたとすると、誰にでも「わかりやすい論理」をいうのであれば、私たちは誰もが定型化した言葉、いってしまえばロボットと話をするような言葉遣いをするようになるかもしれない。また、そうやって、私たちの使う言葉が貧困になるということは、裏を返せば、私たちの経験が貧困になるということでもある。私たちの多様な経験を語る言葉が限られたものになってしまえば、十人十色の「経験」もたった一つのものになってしまうからだ。

筆者が目を向けようとしている言葉は、いってみれば、詩人が使うような言葉――ここでは「詩的な言葉」と呼んでおこう――といえるかもしれない。ただし、たとえばリチャーズのように、なにかを相手に指示するために用いる「科学的言語」と、新しいものの見方を喚起する「詩的言語」を区分する（リチャーズ 2008）のではない。私たちの試みは、いささか乱暴な括りかもしれないが、あえてそうした区分を採らず、すべての言葉を「詩的な言葉」と捉えてみようということになるのかもしれない。

3　「詩的な言葉」への着眼――言葉とアートを「つなぐ」

ところで、私たちが、この「詩的な言葉」に着眼するきっかけとなったのは、編者の一人である勢力が、まだ共同研究のメンバーではなかった頃に行った講演である。この講演原稿は、勢力（2016）として論文化されているが、ここで勢力は、いかように「言語活動」が起動するか、という、当時の私たちが依頼した講演内容に対して、ヒュームや三木清、小林秀雄の所論から説き起こしている。

たとえば、三木における、パトスとロゴスを統合する「構想力」は、言ってみれば、「声なき声を聴く」、「受動的能動性」に基づくレトリック的思考であり、そうしたものが、無名・無定型・無性格なものに対する「想像」を可能にするという。とりわけ小林における「批評」は、かような「想像」により、一般化や類型化を疑い続け、ある種の「乱用」とも言える「詩的な言葉」の使用が必要だと論じている。

これを承けて、筆者は、特に教室で発言することが苦手な学習者のために、それだけでは完結しない言葉のヴァリエーションを示すことが重要だと考え、「詩的な言葉」をある種の「文法」として「教える」必要性を訴え、先行研究に基づくいくつかの詩の「文法」を提示した（渡辺 2017）。[2]

ただし、「詩的な言葉」への着眼は、勢力や筆者だけの指摘ではない。「論理的思考」「プログラミング的思考」の重要性が論じられる一方で、多くの論者が発信していることでもある。本節では、何人かの論者の所論を挙げ、問題意識を確認しておくことにしたい。先取りすれば、彼らは、使う用語は異なりつつも、コミュニケーションのないところに、言葉を起ち上げていく過程、あるいは、そうして私たちが言葉にしたとき、それによって隠されるものがある（だからこそ、その隠されたものがあるということを自覚するべきだ）ということに目を向けるべきだと論じているのである。

まず、内田樹は、自身の講演集の中で次のように述べている。

> コミュニケーション能力というと、自分の言いたいことをはっきりと述べて、相手に伝えることだと思いがちですけれど、僕は違うと思う。そうではなくて、コミュニケーション能力というのは、コミュニケーションが成立しなくなった局面を打開する力ではないかと思うのです。意思の疎通ができなくなったときに、その難局から脱出する能力。途絶してしまったコミュニケーションを再開する能力、断絶に架橋する能力、それをコミュニケーション能力と呼ぶのではないか。（内田 2017: 192）

内田が、こうしたコミュニケーションを起ち上げるということを強調するようになったのは、彼自身が経験した、人々のコミュニケーション能力の「劣化」を踏まえてのことである。具体的なエピソードは省くが、内田は、今の人々は、いえ、といわれたことだけをいうのであって、相手にそれが通じるかどうかは副次的な関心になってしまっているという。そのために、コミュニケーションが不成立になった原因を理解できなかった相手の責任に帰してしまっていることが問題なのだと論じている（内田 2017: 195）。

このことを別言すれば、今を生きる私たちは、「いわなければならないこと」をいって、「いいたいこと」をいわなくなっている、ということになるであろうし、あるいは、その「いわなければならないこと」は、誰にでも「わかりやすい」内容になっていることが前提とされてしまっている、ということにもなるであろう。

もちろん、「言語論的転回」をふまえれば「いいたいこと」は、予め存在するのではなく、いってみてはじめてわかるものである。けれども、学校現場における「コミュニケーション」では、長いこと、「いいたいこと」がまずあって、それをどう上手く伝えるか、ということに腐心してしまっていた。このことは、国語の授業でいまだに「筆者のいいたいことは何でしょう」を問い続けていることからも、明らかである。

このことに関連して、次に、戸田山和久が、最近の『看護教育』に寄せた、「話す」能力の向上のために、まず「読む」「書く」ことを充実させるべきだと論じた論稿をみてみよう。戸田山は、シャノンの「通信」にもとづく情報理論を批判しながら、次のように述べている。

（シャノンの情報理論の――筆者注）どこがまずいかというと、このモデルにもとづくストーリーが送信者がメッセージを生み出すところから始まる点です。これを人間のコミュニケーションに当てはめるとこうなります。まずは、「言いたいこと」や「書きたいこと」があるだろうと。そして、それをどう言ったり、書いたりしたら受信者にうまく伝わるか、というふうに問いを立てていく。そうすると、すべての出発点は「言いたいこと」になります。それをどううまく表現していくかが「書く」技術、あるいは「話す」技術だと思ってしまう。（戸

田山 2017: 590）

戸田山はこのように述べ、作者の意図が何かを追究するのではなく、意図がきちんと伝わっているかどうかをクリティカルに読むことに、まずは力を注ぐべきだと述べている。彼の危機意識も、内田と同様で、シャノンの理論を批判的にみていることからもわかるように、コミュニケーションの回路が予め存在しているという前提に対する異議申し立てなのである。

さらに、こうしたコミュニケーションのモデルが自明視されていくと、「わかりやすく」話し、あるいは書けているかどうか、ということだけが重視されるようになってしまう。こうした状況に対する危機感を表明しているものを一つ提示しておこう。二〇一七年の『現代思想』八月号の特集「「コミュ障」の時代」における、國分功一郎と千葉雅也の対談である（國分・千葉 2017）。國分はこの年の三月に『中動態の世界』を上梓しているが、以来、多くの領域で、「中動態」概念が盛んに論じられるようになっている。また、千葉も同年四月に『勉強の哲学』（千葉 2017）を刊行し、話題となっている。

彼らがこの対談で危惧しているのは「エビデンス主義」の横行による言葉の価値低下である。たとえば國分は「エビデンスにはメタファーがない」（國分・千葉 2017: 56）と述べ、数種類のエビデンスで人を説得、納得させるというコミュニケーションのやり方だけになってしまっては、言葉で納得する、という次元は私たちからやがて失われるという。そして、千葉は、「メタファーとは、目の前に現れているものが見えていない何かを表すということですから、見えていない次元の存在を前提にしている。ところが、すべてがエビデントに表に現れるならば、隠された次元が蒸発してしまう」（國分・千葉 2017: 56）と述べている。言葉が、「わかりやすさ」を追求するあまり、目に見えるエビデンスだけで語ろうとし、言葉が実は「目に見えていない次元」に触れているということから目を背けてしまうことで、言葉の価値が低下してしまうということである。

加えて、平川克美の近著『言葉が鍛えられる場所』における次の引用も、同様の問題を述べているように思われる。

> わたしは、詩を読むときに、その詩の光景を、自分の現実に置き直して読むと書きました。わたしの現実とは、見えるものに囲まれ、形のあるものを確かなものだと信じられる、「いま・ここ」の世界です。しかし、見えるものがあるのは、見えないものがあるからであり、形のあるものが確かだと思えるのは、形のない不確かなものが存在しているからであり、輪郭のはっきりとした外側があるのは、輪郭を持たない内側があるからだということを、しばしば忘れてしまうのです。（平川 2017: 18）

平川はこのように述べた後、見えるものの背後に見えないもの(3)を導き入れる「鍛えられた言葉」こそが、「いま・ここ」の世界というのは、「いまではない・ここではない」世界によって成立しているのだと気づかせてくれるのだと論じている（平川 2017: 18）。以上のように、彼らは共通して、相手に「分かりやすく」コミュニケーションをする、という前提に対する違和感をもっている。あるいは、「分かりやすく」してしまうことによって覆い隠されてしまうものに対する無自覚への危機意識をもっている、ともいえるだろう。

ところで、先に論じた論者のうち、國分功一郎が、近年のエビデンス主義に基づいたコミュニケーションに批判的な立場をなぜ採るのかというと、彼が上梓した「中動態」の研究が背景にあると思われる。國分は、先の対談の後半で「コミュニケーションという言葉は独立した主体が対峙する図式をイメージさせずにはいないんですね。この図式にあらがわなければいけないのではないか。コミュニケーションではなくて、一緒に主体形成することが大切だと思うし、教育はそういうものなのではないか」（國分・千葉 2017: 65）と述べている。

國分によれば、「中動態」は、日本語でいえば、「おのずから」生じる、主語に帰属させられない出来事を記述する態である。たとえば、「me paenitet culpae meae」という、中動態が用いられていた頃のラテン語表現は、直訳すると「私の過ちに関して私に悔いが生じる」となる。その後「中動態が」忘れられていくなかで、「私が後悔する」を意味する表現が登場し、出来事が行為として主語に帰属させられるようになるのである（國分 2017: 171）。こうした國分の発言を踏まえると、一〇〇％の「主体性」でもない、かといって、一〇〇％誰かにさせられたわけでもない、「中動」の相は、従来の「能動」「受動」の二分法の中で語られる「コミュニケーション」、ひいては「教育」の捉え直しを迫ることにもなるのである。

本書では、本節で論じた論者たちの議論を手がかりとしながら、「教育」あるいは「言語」のレヴェルでさらに深めていければと考えている。國分以前に「中動態」に着眼した重要な一人が、『芸術の中動態』を二〇一三年に上梓した、美学の森田亜紀である。森田の研究には私たち共同研究メンバーも大きな刺激を受け、研究会に招いての講演も依頼し、その講演内容をさらに発展させたものが本書に寄稿されている。そして、この森田の著作を参照しながら、詩人の言葉を解釈しようとしたのが岩成達也である（岩成 2018a, 2018b）。

岩成は、鈴江栄治の詩集『視線論』にある「隔離」という、次に挙げる二行の詩を「驚嘆すべき詩行」（岩成 2018a: 61）と述べている。

昼という　ものがある
ものみなが　互いに　隔離される

彼にいわせれば、この詩は「みられた」ものでも、「書かれた」ものでもない。さらには「もの」でも「こと」でもないという。昼が「みられ」たり「書かれ」たりしたのではなく、「みられ／書かれ」る以前にすでに「私」

に「触れている」ことがわかるという。すなわちこの二行の詩は、「中動相の深みをもろに捉えた」(岩成 2018a: 63) ものなのである。

この詩にある「隔離」は、まだ「感性的なもの」と「意味」とが一体化したまま(森田はカッシーラの「表情知覚」を用いて説明している)の「隔離」であるという。いいかえると、この「隔離」は、概念としてのそれではなく、「見えて」いる「事態」、動いている成立途上の状態なのだという(岩成 2018b: 137)。かような言葉が、単なる「情報の伝達」とは異なる何かを私たちにもたらすのか。「中動態」は、まさに言葉とアートをつなぐ、一つの媒介項と位置づけることもできるであろう。

「分かりやすい」だけの言葉ではない、こうした「私」に「触れる」ような言葉が存在するということ、私たちの用いようとする言葉の選択に、こうしたヴァリエーションも存在するということを、残念ながら私たちの多くは知らないままきてしまったのではないか。そのヴァリエーションのシャワーを浴びせるということ、あるいは、私たちは、意識的に選択すること、いいかえれば、そうした言葉を「振る舞う」ということを考えてみてもよいのかもしれない。

「主体的・対話的な学び」という用語が広がっていくなかで、教師が「教える」ということの価値が低くなっているように思われるが、あえて私たちはいま「教える」(厳密には、従来的なそれとは意味合いが異なるが)ということをいかように考えるべきなのかを、言葉とアートを「つなぐ」ことで、考えていきたい。さらには、どういったときに、こうした言葉が生み出されるのか。言葉が生み出されるのは、まさに一瞬の出来事である。だが私たちは、この瞬間をできるだけスローモーションで引き伸ばしてみたいのである。

「子ども哲学」「哲学対話」といったものも、最近話題になっているが、これらの実践でも、いかような言葉が私たちの思考を深めるのか、といったところまでは、まだ議論されていないように思われる。本書が、今日語られている「言葉」と「教育」の問題を浮き彫りにし、同時に従来の研究の欠落を埋めるような研究にできればと念じている。本書では、このような従来の「対話」に対する批判的な視点も加えていきたい。

4 本書の構成

それでは、以上のような問題関心に基づいた本書の構成を、以下に示しておきたい。本書のタイトルには「言葉とアートをつなぐ」とあるが、執筆者によって、さまざまな「つなぎ」がなされている。その「つなぎ」に、新たな「教育」の可能性が見出されるはずである。

第一章は、柴山英樹が、アートを言葉で語るということの困難と可能性を、画家であり、バウハウスの教師でもあったパウル・クレーの芸術観と講演録を紐解きながら論じている。自らの絵画や造形作品の内実をいかように「言葉」で生徒に語るのか。この「つなぎ」の困難にクレーが教師としていかように対峙したのかを、クレーが「中動態」という用語をあえて用いたことの意味を追究しながら論じている。

第二章を執筆した勢力尚雅は、近年少しずつ広がりをみせている「哲学対話」の有する機能の検討を、従来のそれに批判的な視線を向けつつ、「演劇」と「対話」を「つなぐ」ことで試みている。私たちの心をさらけ出し、「素直」に語り合うことだけがコミュニティの形成に寄与する「対話」なのであろうか。かような問いに、観阿弥の謡曲や三島由紀夫によるその翻案、さらには劇作家で演出家の岡田利規の所論をケースとしながら応えている。

第三章は、『君の名は。』という映画の空白を埋めるということと、その空白を埋めるものとして「詩的な言葉」に着眼したという点で、アートと言葉を立体的に「つなぐ」内容といえるかもしれない。渡辺哲男は、『君の名は。』の主人公である三葉が、どのように父親に〈破局の警告〉をしたのかという、映画本編では描かれなかった問題を設定し、「賭け」、「偶然性」、さらには、政治哲学者であるオークショットのテクストを参照しながら考察を行い、空白を埋める見立てから教育の今日的な状況に対して含意するところを示している。

第四章は、山名淳が、「記憶」とその忘却、あるいは想起と表現活動に関して、広島市立基町高等学校で十年間実践されている「原爆の絵」プロジェクトをケースとして考察する。身体に染みこんだ高齢者の被爆の記憶と、原爆を体験せず、戦争を知らない、「知識」としての被爆の記憶が、聞き取りと作品製作の中で交差することによって、記憶の構築と揺さぶりが繰り返され、それが新しい言語活動のトリガーとなることが論じられる。すなわち、生徒の作品というアートと言葉を「つなぐ」作業である。

以上の四章が、本書の編者による執筆章である。そして、後半の二章は、三年間の共同研究期間中に研究会に招いて講演していただいた二名による執筆章である。第五章は、先に挙げた、私たちの共同研究に大きな示唆を与えた『芸術の中動態』の著者、森田亜紀が執筆している。森田は、「中動態」に関する議論を、神経科学やワロン、メルロ＝ポンティなどの知見を援用しながら、身体性のレヴェルに敷衍している。そして、私たちの表現が、中動的な働きを伴う身体を経由するのであれば、目の前の事態を客観的、論理的に把握するということはできず、表現を育てるのであれば、中動的に体験される世界の対象化以前の何かに敏感になることが重要だという。

以上のような議論を踏まえると、「プログラミング／論理的思考」に対置させるように詩的な思考の価値再考を促しているようにも思えるのだが、先述のように、単純にどちらかに軍配を上げるために本書が編まれたわけではない。いいかえれば、私たちは、「ロゴス」か「パトス」かどちらなのか、といわれたとき、単にこれからは「パトス」に比重を置くべきだ、という回答をしたいのではない。このことは、本書の最後、第六章でより明確にされるであろう。

第六章は、日本の哲学・倫理学、とりわけ京都学派の哲学に知悉した田中久文が、三木清における「ロゴス」概念の展開を追認しつつ、三木が「構想力」の哲学を着想するなかで、いかように「ロゴス」と「パトス」の統合を図ったのかを考察している。「構想力」によって、「パトス」は不安定なものではなく、一種の論理性を備え、かつ「ロゴス」は感情的なものをも含んだものだと考えられるようになる。そうした「構想力」から言語を捉え直した場合、アリストテレスを援用すれば「修辞学」とは「ロゴス」と「パトス」の統合体なのであること、さらに、そうした思想が、三木によって「教育」の問題としていかように語られたかが明らかにされている。

以上、近年の議論を踏まえつつ、これらの議論に本書がいかような立場を採るのかを論じ、本書の内容を概観してきた。本書は単なる言語論の研究書でも、哲学の研究書でもない。本書は他ならぬ「教育」を論じるものである。たとえ、本論で明示的に「教育」問題がとりあげられていなくとも、である。各章がまさに「言葉とアートをつなぐ教育思想」の多様な可能性を「示唆」しているはずである。たとえば、古田徹也は、新しい言葉を生み出すことで、それが生まれる以前の言葉の見方を遡及的に浮き彫りにし、使い古された言葉を「使い古された」と自覚することで、その言葉が有する奥行きを再認識するという（古田 2018）。だとすれば、本書はこのように、私たちの生み出す言葉にある種の「しっくりこない」感じをもち続け、それにより、「しっくりきた」ときに驚異を感じることができるように、「教育」がいかような役割を果たすのかを論じることになる。

とはいえ、このことは、単純に、こうやればできるようになる、という技術論で何とかなるものではないし、逆にこうした経験を繰り返せば「おのずから」できるようになる、というものでもあるまい。もしかしたら、「論理的思考」がどこかで必要になってくるのかもしれない。やはり、「論理的思考」あるいは「プログラミング的思考」と「詩的な言葉」は「対立」するものではなく、「統合的」に捉えなければならないだろう。

もし、新井の開発したリーディングスキルテストができるように「訓練」されていくと、結局人間は同じ「論理的思考」を用いるロボットになってしまうようにも思われる。そうなると、新井が片づけ指南で知られる近藤麻理恵に（人工知能にはできない、なぜこれだけ部屋が散らかってしまったかを「意味づける」ことができるという意味で）未来を感じているように（小島・新井 2015: 58）、人工知能にはできない人間固有の能力の可能性の追求とは逆行するようなことにもなってしまう。

これを新井が抱えるジレンマとみることも可能だが、これは新井固有のジレンマではなく、私たちが共有しているジレンマだともいえるだろう。「論理」だけに拘泥しては、人間は同じことしか言わないロボットになってしまうが、「詩人」になることだけに没頭してしまっては、人間同士のコミュニケーションは、「意味づけ」の連発になってしまうかもしれない。

では、その「統合」をいかように果たしていけばよいのか。学校現場の実践に寄与できる答えを出すことは、なかなか難しい。そういう意味で、机上の空論を書けばよい本とは違う、「教育」あるいは「実践」というレヴェルで私たちがどのような行動を起こす必要があるのかを具体的に論じなければならない私たちは、とても「苦しい」。「口ではいえるけど、現実にはね」といわれてしまったら、そこでお仕舞いである。けれども、その「苦しみ」が、本書における多様な言葉とアートの「つなぎ」に表れているといえる。読者の皆さんに、私たちの苦闘を汲み取りながら読んでいただくことで、私たちもまだ気づいていないような新しい展望が開けてくるかもしれない。本書が、そうした新たな世界を切り開くトリガーの役割を果たせればと願っている。

注

（1）さらに、木村と研究者の協働も行われており、小国喜弘ほか（2015）などの成果も登場している。二〇一七年には東京大学教育学研究科と大空小学校で実践研究に関する協定が結ばれ、さらなる交流が進んでいくと思われる。

（2）勢力も、後述の筆者による渡辺（2017）も、「詩人的な言葉」という言葉を用いている。本書では統一して「詩的な言葉」としているので、ここでもそれに合わせることとした。

（3）「見えないもの」というときに想起されるのが、近年若松英輔が盛んに論じている「霊性」である。本稿では示唆するにとどめるが、今後「詩人的な言葉」との関連で検討してみたい概念である。今のところは、小林秀雄と井筒俊彦をテーマとした著作の、以下の引用を示しておきたい。「光がなければ闇がないというように、美がなければ醜はない。善悪の彼岸、真偽の向こうに私たちを導くコトバ、それを井筒は「詩的言語」と呼ぶ。むしろ、詩的言語を宿し得た者のみが詩人と称されるにふさわしいといった方がよいのかもしれない」（若松 2015: 104）。

引用・参考文献

新井紀子『ＡＩ vs. 教科書が読めない子どもたち』東洋経済新報社、二〇一八年 a。

新井紀子『改訂新版　ロボットは東大に入れるか』新曜社、二〇一八年 b。

岩成達也「中動相についての覚書（上）（下）」『現代詩手帖』第六一巻第三―四号、二〇一八年 a・b。

内田樹『日本の覚醒のために――内田樹講演集』晶文社、二〇一七年。

小国喜弘・木村泰子・江口怜・高橋沙希・二見総一郎「インクルーシブ教育における実践的思想とその技法――大阪市立大空小学校の教育実践を手がかりとして」『東京大学大学院教育学研究科紀要』第五五号、二〇一五年。

國分功一郎『中動態の世界――意志と責任の考古学』医学書院、二〇一七年。

國分功一郎・千葉雅也「〈対談〉コミュニケーションにおける闇と超越」『現代思想』第四五巻第一五号（特集「コミュ障」の時代）、二〇一七年。

小島寛之・新井紀子「〈討議〉東ロボくんから見えてきた、社会と人類の未来」『現代思想』第四三巻第一八号、二〇一五年。

小学校段階における論理的思考力や創造性、問題解決能力等の育成とプログラミング教育に関する有識者会議「小学校段階におけるプログラミング教育の在り方について（議論の取りまとめ）」http://www.mext.go.jp/b_menu/shingi/chousa/shotou/122/

attach/1372525.htm、二〇一八年五月五日閲覧。

三森ゆりか『論理的に考える力を引き出す――親子でできるコミュニケーション・スキルのトレーニング』一声社、二〇〇二年。

勢力尚雅「人間的自然における構想力の問題――往来する中間域における「批評」とは何か」渡辺哲男編『「言語活動の充実」の具体化のための教師教育のあり方についての研究』科研費報告書、二〇一六年。

千葉雅也『勉強の哲学――来たるべきバカのために』文藝春秋、二〇一七年。

出口汪「生きる力を支える論理力」木村泰子・出口汪『不登校ゼロ、モンスターペアレンツゼロの小学校が育てる　二一世紀を生きる力』水王舎、二〇一六年。

戸田山和久「「話す」能力向上のためにも、「読む」「書く」力の充実を」『看護教育』第五八巻第八号、二〇一七年。

平川克美『言葉が鍛えられる場所』大和書房、二〇一七年。

古田徹也『言葉の魂の哲学』講談社選書メチエ、二〇一八年。

森田亜紀『芸術の中動態――受容／製作の基層』萌書房、二〇一三年。

リチャーズ、I・A『実践批評――英語教育と文学的判断力の研究』坂本公延訳、みすず書房、二〇〇八年。

若松英輔『叡智の詩学――小林秀雄と井筒俊彦』慶應義塾大学出版会、二〇一五年。

渡辺哲男「わたしが与える「自由」は「不自由」?――特別支援学校における句会の授業を手がかりとして」『立教大学教育学科研究年報』第五七号、二〇一四年。

渡辺哲男編『「言語活動の充実」の具体化のための教師教育のあり方についての研究』科研費報告書、二〇一六年。

渡辺哲男「実験的思考を導くための「詩人的な言葉」によるダイアローグの可能性」『立教大学教育学科研究年報』第六〇号、二〇一七年。

第一章　アートの語り手としてのパウル・クレー
――画家と教師のあいだ

柴山英樹

はじめに

画家は、自らの造形活動を通じて、絵画作品を生み出す。鑑賞者はその作品と向き合い、その意味を解釈しようとする。基本的に、画家は絵画作品を鑑賞者に提示するだけであるが、その画家たちも自らの造形行為について語ることもある。本章で検討する画家パウル・クレー（Paul Klee, 1879-1940）は画家として、自らのアートについて語り、造形学校バウハウスの教師として、学生たちにアートについて語っている。画家としてのクレーは自らの造形行為をどのように語ったのであろうか、また教師としてのクレーがどのような言葉で造形行為を教えようとしたのだろうか。造形行為を言葉で語るというのは、いわば矛盾する営為である。彼はこの矛盾をどう考えていたのだろうか。本章では、言葉とアートのつながりをこのような視点から検討してみることにしたい。なお、考察に際しては、クレーが執筆した論文や個展に際して行われた講演、バウハウスにおける講義ノートなどを手がかりとしたい。

また近年、クレーの造形行為や言語表現に関して、「中動態」との関連が注目されている。たとえば、岡田温司は、パウル・クレーの『造形思考』文庫版の解説において、クレーが中動態的なものを意識していたことを示唆している。岡田によれば、「「アクティヴ」と「パッシヴ」のあいだに「中間的な性格」を設定したところをみると、画家（クレー）は中動態的なものに思い至ったのではないかと想像される」（岡田 2016: 348-349）と述べている。また、前田富士男の『パウル・クレー　造形の宇宙』（2012）においては、初出論文における「受動性、中間性、能動性の関連」（前田 1974: 79）という論述内容が「受動性、中動性、能動性の関連」（前田 2012: 28）と変化しており、前田が「メディアル（medial）」という概念を「中間性」から「中動性」へと捉え直していることがわかる。岡田も前田もクレーの思考に「中動態」的なものを見出しているといえよう。そこで、本章では、クレーが「メディアル」あるいは「あいだ」をどのように位置づけていたのか、この点にも着目しながら考察していくことにしたい。

1　クレーにおける造形行為――画家はどう語ったのか

まず、クレーの造形行為について検討してみよう。ただし、ここでは実際にどのように作品を制作したのかという視点ではなく、クレー自身が自らの造形行為をどのように語っていたのかに着目してみたい。それは、自分の造形行為をどのように認識していたのか、画家として表現することをどのように捉えていたのか、を考えてみたいからである。以下では、クレーの研究において繰り返し言及されている重要なテクストであるが、「創造的信条告白」（一九二〇）という論文と「自然研究の道」（一九二三）という論文、イエナ芸術協会での講演録（一九二四）を中心に検討していくことにしたい。

本論に入る前に、これらの論考がどのような経緯で書かれ、語られたのか、その背景について触れておきたい。まず、「創造的信条告白」は、カジミール・エトシュミットが編集する『芸術時事のトリビューン』に寄稿された論文であるが、一九一八年に編者から自分の芸術について語るように依頼されたものであり、この「線描芸術」に関する論文の一部を書き改めたものである。(1) また、この論文の執筆に際しては、カンディンスキーの「純粋な芸術としての絵画」(2) に触発されたものとされている。(3)

次に、「自然研究の道」は、一九二三年に行われたバウハウス週間（八月一五日から八月一九日）の記念誌として出版された『ヴァイマルの国立バウハウス一九一九－一九二三』に寄稿されたものである。[4] 画家としての造形行為のあり方を論じたものであるが、教師として学生たちに自然研究の重要性を説いた側面も含まれているといえるだろう。

最後に、イエナ芸術協会での講演録[5]は、一九二四年一月二六日にクレーの個展に際して行われたものであり、一九四五年に「現代芸術について」と題して出版されたものである。ここでは「本来は作品自体が独自の言葉で語りかけるはずのもの」としつつ、作品制作へと「自分自身を駆り立てているところに他者を動かすこと、その（画家としての表現手段の――括弧内筆者）方法を同じ確実さで言葉によって示すこと、そのような能力が自分にあるとは思わない」（BD. S. 81）と断りながら論じたものであり、自らの造形行為を言葉で語ることの難しさとその意義を自覚していたことが窺える。

（1）メタファーとしての樹木

クレーが自分の造形行為と作品をどのように捉えていたのか。一九二四年のイエナ芸術協会における講演では、「樹木」の比喩を用いて語っている（BD. S. 82）。彼は、芸術家を「幹」に位置づけ、自然と人生の事柄を「根」にたとえ、作品を「樹冠」にたとえている。芸術家の方へ根から樹液が流れていき、幹である芸術家の身体と眼を通り抜けていく。そして、この樹液の流れる力に押されて動かされ、観照したものを作品のなかへ導き、作品である樹冠が形成されていく。

つまり、芸術家の行為は樹木の幹という指定された場所で、大地や自然の深みから湧き上がってくるものを集め、そしてさらに高く導くことだけなのである。奉仕するのでもなければ支配するのでもなく、媒介するだけである。

樹冠の美しさも芸術家のものではなく、彼のなかを通り抜けていっただけであるという（BD, S. 82）。

ここで私たちは媒介者としての芸術家という位置づけについて注目する必要があるだろう。「樹木」のメタファーを踏まえるならば、「根」は大地となる自然の深みであり、そこから湧き上がってくるものが、大気の高みにおいて「樹冠」となる。芸術家は「幹」として、大地の深さと大気の高さの「あいだ」に位置することになる。また、「奉仕するのでもなければ支配するのでもない」として「仲介」に過ぎないと述べている。クレーは、自分のなかを根から湧き上がってきた樹液が「通り抜けただけ」と表現しているが、樹冠と根、作品と自然の「あいだ」で作者はどのように振舞うのだろうか。媒介者としての芸術家には、いかなる葛藤もなかったのだろうか。

クレーが「樹木」のメタファーを用いたのは、樹冠と根が同じような方法で形成すると考えることはなく、上と下のあいだに鏡像のような関係がありえないことは誰もが知っていることであり、そこには「生き生きとした相違」（BD, S. 82）があると考えていたからである。樹冠にたとえられた芸術作品において問題となるのは、造形の特殊な次元に入っていくことによって、変形の必然性が生じることである（BD, S. 86）。彼は芸術家が意図的に偽造しているという非難に言及しているが（BD, S. 82）、自然の似姿ではなく、変形が必然的である理由について「自然の再生はそこまで及ぶからである」（BD, S. 86）と述べている。つまり、まず問題となるのが、クレーが自然をどのように認識し、どのように造形しようとしたかということである。これは、「樹木」のメタファーでいうと、「根」の部分、人間と自然とのかかわりをどう捉えていたのかという問題でもある。

（2）自然認識と造形行為

クレーが自然をどう認識し、どのように造形しようと試みたのかを考えるためには、「自然研究の道」（BD, S. 63-67）を手がかりにすることができるだろう。(6)

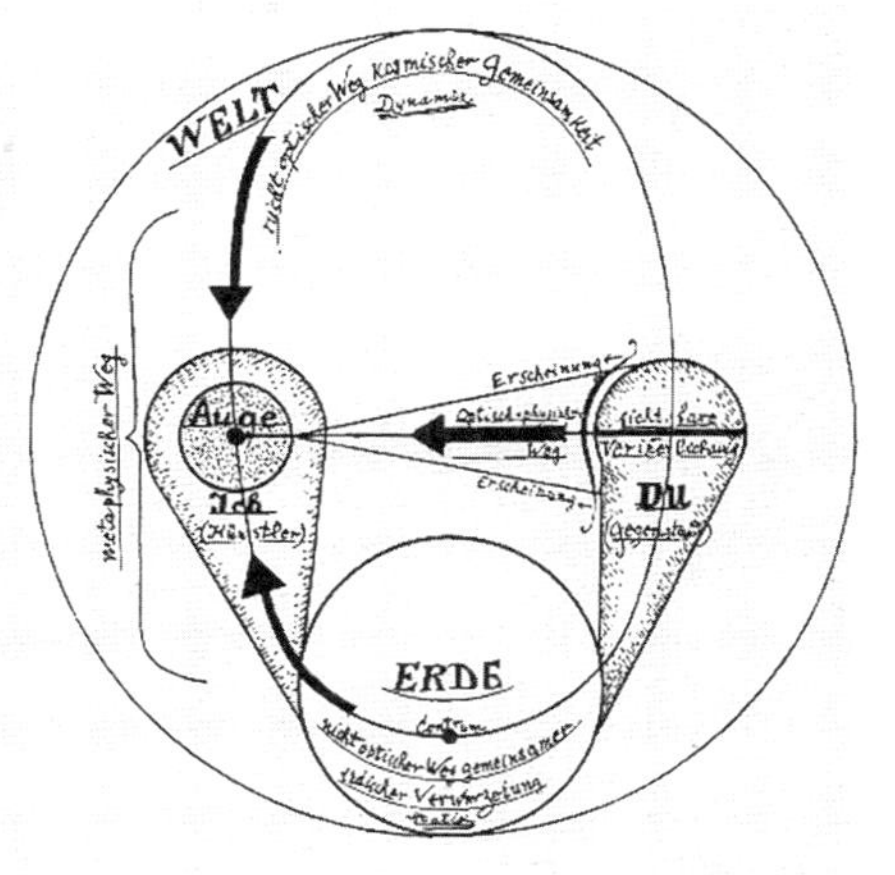

図1－1　「自然研究の道」（BD, S. 67）

クレーは「自然との対話は、芸術家にとって不可欠の条件である。芸術家は人間であり、自分自身も自然であり、自然の広がりのなかの一片の自然なのである」（BD, S. 63）という。この「自然との対話」とはどのようなものかを知るために、彼が示した図1－1を見てみよう。ここには、芸術家である「私（Ich）」と対象である「汝（Du）」の両者の関係だけでなく、「大地（Erde）」と「宇宙（Welt）」という二つの次元も描かれている。ここでは、対象となる自然（「汝」）をどのように認識するかが問題となるが、その方略として、矢印で三つの道が図示されている（BD, S. 67）。一つは、「視覚的・身体的な道」であり、「私」と「汝」のあいだにある大気を通してみた対象の外観を捉えた優れた絵画（おそらくは写実的絵画）を生み出したとされる。しかし、このような方法は過去の芸術的信条や自然研究であるという。すなわち、今日では、「私」も「汝」も同じ全体の一部であり、「多くの星の一つの星の上に住む生物」（BD, S. 63）にすぎないことを自覚しているというのである。それによって、「私と対象とのあいだに、あらゆる視覚的な基礎を凌駕する共鳴関係が生じ」（BD, S. 66）、それが「対象の人間化」に通じるとされる。「対象の人間化」とは、人間と対象における「「大地」に根付く共通の自然法則が内包されているのだということを認識することに他ならない」（池田 1991: 44）とされる。この共鳴関係が生じるのは、非視覚的であり、地上的なものと宇宙的なものとの二つの道によるものである。一つは、「私のなかで下から眼に入ってくる根を地上的な連帯にもつ」道であり、「上から降りてくる宇宙的な連帯」の道である（BD, S. 66-67）。これらの道が眼のなかで出会い、フォルムに転換し、外的観察と内的観照の総合へ向かうとされるのである（BD, S. 67）。

ここで重要な点は、クレーが自然から一定の距離を置き、自然と対峙しようとするのではなく、自然に内包されていると捉えている点である。彼は、一九一六年の日記のなかで[7]、「私は全一なるものを融合し、そうして隣りあうものたち、地上の全ての隣人たちと兄弟のように並び立つのだ。私は内包する」（TB: 1007）と述べたり、「私はこの融合に、より遠く離れた創造の源泉を求めている。そこに私は、動物、植物、人間、大地、火、水、空気その他全ての循環する力に当てはまる方程式のようなものを予感している」（TB: 1008）と述べたりしているように、自然全体との共通性を基盤としていることが窺い知れるだろう。

クレーによれば、これらの道に関しては「集中的な研究が体験へと導き、それによって、暗示されてきた事象が強まり、単純化されるということが強調されるべきである」（BD, S. 67）という。さまざまな道で芸術家が遭遇した体験を通じて、自然との対話を深めていくことになる。ここで自然と人生の事柄を「根」にたとえたのは、自然全体との共通性があり、自然との対話を深めていく経験こそが造形行為の根底にあることを示そうとしたのだろう。またここで、「根」から樹液が流れ込み、「樹冠」を育んでいく過程を踏まえるならば、この「根」こそが重要な役割を果たしており、芸術家が作り出す作品の価値を生み出す部分でもあるといえる。

また、このような自然の精密な観察と経験を重ねた内的観照を通じて、世界観にまで上昇するにつれて、抽象的な形象の自由な形態となり、「わざとらしい図式的なものを超えて、ひとつの新しい自然性、作品の自然性に到達する」（BD, S. 67）とされる。それは、見たものを再現したものではないため、対象の視覚的な形象とは異なるが、全体の見地からみれば矛盾することのない造形物が形づくられるというのである（BD, S. 67）。

このようにクレーの造形行為においては、その過程のなかで「何か」が生じるかもしれないが、それを「いかに」矛盾することなく、自然の本質を見えるようにするかということの方が重要だったといえるだろう。

（3）意識的創造における言語と想像力

これまで、「自然との対話」の経験を「根」の部分に関連づけながら議論を展開してきたが、ここでは、芸術家を「幹」にたとえている部分に焦点を当ててみたい。

まず、ここで問題となるが、芸術家の意図や想像力（Phantasie）である。「樹木」のメタファーにおいては、芸術家が単なる媒介者であり、何か意図的に偽造しているのではないことを強調する側面があった。また、クレーは想像力に関しても懐疑的であり、バウハウスの同僚シュライヤーとの対話で「想像力」のことを話題にする。クレーは自然の内なる本質を見取って表現しようとするのだが、シュライヤーから「どういう方法で想像力の危険性から逃れるのか」と問われ、「想像力は事実、私の、あなたの、私たちすべての最大の危険性であり、いわゆる芸術家たちの厄介な迷路であり、精神的な現実の眼をもたずに、その現実を意識的あるいは無意識的に偽装するとする者たちすべての逃げ道である」（Klee, 1960, S. 249）と応答している。その作品が自然の内部を表現しているものであるとするがゆえに、それが想像力によって作り上げられたものではないのかという疑念を生じさせることになる。しかし、「精神的な現実」と批判するように、問題となるのは想像力それ自体ではなく、現実（Wirklichkeit）から離れて、観念的に何かを作り上げようとする「空想」的な行為であり、自然の本質から離れることになる。

それでは、自然との対話を通じて方向づけられた「根」から自然と湧き上がってくるものを次から次へと自由に描いていけばよいと考えていたのだろうか。

ここで問題となるのが、絵画をどう構成するのかである。クレーは絵画の構成方法に関して、「場当たり的にこなしていくことによって、事物を非常に豊かに造形していく保証が与えられており、その結果事物は意識的な関わり合いからずっと離れた遠い諸次元に到達することもできる」（BD, S. 88）と述べている。これは、同時代のシュルレアリスムが試みた「オートマティスム（自動記述）(8)」を想起させる内容であるが、このような行為を「フォルムの次元における方向づけが欠けている」と批判し、「意識的な創造」（BD. S. 88）を強調する。クレーが「いくつもの要素を互いにひとつの新しい秩序に高めていくために、多くの要素における普遍的秩序、その適切な配置のなかから、どの要素を浮かび上がらせるかは、その都度の創造者による処置に任されている」（BD. S. 88）と述べるように、初めから何らかの意図で配置するのではないのだが、造形作品としての特殊な諸次元（線、明暗、色彩）の適切な配置や選択によって、対象あるいは造形物を構成しようとするのである。適切な配置や選択とは、一九〇九年の日記（TB: 857）で「生成しつつある部分、いま描く部分に没頭すべき」とあり、それが「部分に向けられた意志」とされ、「作品はこれらの部分から、全体へと方向づける規律によって完成する」というように、部分への意志と全体への規律が求められるものであるといえるだろう。

しかし、そこで新たに問題となるのが「連想作用（Assoziation）」である。クレーによれば、「造形作品が、私たちの眼の前で次第に広がっていくと、ある種の連想作用がその作品に付加されて、それが誘惑者の役割を演じて、対象が解釈されることになる。なぜならば、高次の分節（Gliederung）をもった造形作品は、わずかな想像力（Phantasie）で、誰もが知っている自然の造形物と比喩的な関係にもたらされるのに適しているからである」（BD. S. 89）とされる。これは想像力の問題でもあるが、「誘惑者」の役割を担う連想作用を忌避すべきものなのだろうか。クレーもこのような連想作用は芸術家にも訪れるものと捉えており、「連想作用が非常に的確な名前のもとで想像する」（BD. S. 90）ならば、受け入れてよいとしている。そのため、「造形物に引き寄せられた比較連想作用の方向にしたがって、具体的に、星、花瓶、植物、動物、人間というように名付けられてもいいだろう」（BD. S. 90）と言葉による連想を許容するのである。

それは、鑑賞者の自由な解釈を認めるということだけでなく、芸術家もこのような名づけを受け入れることによって、「フォルムをなしてきた対象と必然的な関係のあるものを付け加えることになる」（BD. S. 90）とし、このような付加物がまるで以前から存在していたかのように位置づくという。このようにして、具体的な形象が見えてくるのだが、今度は「対象の存在の問題よりも、その対象におけるそのときどきの外貌、対象のあり方」（BD. S. 90）を問うことになるとしている。

ここで注目したいのは、クレーの造形行為における想像力と言語の働きである。造形の法則を考えながら意識的に創造するのだが、その一方でその行為自体に対して想像力や言語が制約をかけることになる。つまり、自動化されつつあるような造形行為を言語化することによって、一旦止めることになる。その一方で、想像力は自然における対象との関係を改めて問うものであり、言語はその対象をどう意味づけていくのかを問う役割を果たしている。

それでは、なぜ、これほどまでに連想作用と名づけの行為が問題になるのだろうか。それは、そこに生じてきた形象が視覚的な印象から簡単に命名できるものではないからだろう。クレーは「現在の形態をとっている世界が唯一の世界ではない」（BD. S. 92-93）とする。それは、フォルムが変容し続けていると捉え、現在見えているものを唯一絶対的なものとして受け止めてしまうのではなく、常に別の可能性を模索することである。彼は「創造的信条告白」においても「偶然的なものを本質的なものにする努力がなされる」（BD. S. 79）と述べており、不確定性や偶然性に自覚的であったといえる。それゆえに、その作品も「いかなる法則にも支えられていない偶発的なものであり、しかも明らかに秩序をもっている」（大岡 2017: 291）とされるのである。

いずれにせよ、対象と対応する明確なものがあるとはいえないからこそ、多様な方向性で連想することができ、いくつもの名づけの可能性があると考える。バウムガルトナーは造形的な多様な要素が観念連合のプロセスをむしろ解体させると捉えており、「表象と言語の内容が活性化され、様々な意味が自在に流出することが可能になる」（バウムガルトナー 2002: 206）としている。このような連想作用を誘う一方で、それを解体する作用を生み出すという緊張関係こそがクレーの作品の特徴であるともいえる。

たとえば、ある形象を「植物」における開花の表現と見ることもできるし、「音楽」におけるリズム表現と見ることもできる。それは、クレーの作品《赤のフーガ》（一九二一）や《夜の植物の生長》（一九二二）などの例からも推察することができるだろう。この点について、ヴォルフガング・ケルステンは「タイトル付与を通じて初めて、クレーは建築、手工芸、音楽、あるいは自然からのしかるべきテーマを、作品上で描写された、フォルムに達する過程に組み込む[9]」と指摘している。すなわち、タイトルが付与されなければ、そのテーマでさえも明確にならないとされるのである。それゆえに、名づけの行為というのが重要な役割を果たしているといえるだろう。

しかし、名づけの行為や言語化は対象を概念として見てしまう可能性があり、多様な表情を持っていた「対象」も一義的に見えてしまう危険性を秘めているといえる。しかし、クレーは言語化することによって、あえて対象と距離を取り、その対象の意味を問おうとしたともいえるのである。

クレーのタイトルについて、池田祐子は「クレーの場合、タイトルが作品の持つ意味内容を明確に示していることは、きわめて少ない。両者の多義性（作品に描かれたモチーフとそこから類推される図像類型の多義性と、作品タイトルそのものの多義性――括弧内筆者）には相関関係があり、タイトルはほのめかしの次元にとどまっている」（池田 1997: 108）と述べている。このような「ほのめかしの次元」にあるタイトルをどのように解釈するか、あるいは訳出するのかということも問題となる。池田は、クレーの作品の題名《Übermut》も「大はしゃぎ」「傲慢」「悪ふざけ」などの訳語が存在するとされ、「作品解釈において、この作品の多義的な意味内容のどのレベルに焦点をあわされているかによって、明らかに訳語は変化しているのである」（池田 1997: 108）と指摘する。

たとえば、《いにしえの響き（Alter Klang）》（一九二五）という作品がある。これは、色彩の正方形や長方形で構成されたものであり、「方形画」や「魔方陣」という特徴で呼ばれる作品群の一つである。ノーベル＝ライザーは「この題名は指標のようなもので、私たちの注意を、定まりようのない、おそらくは多義的な意味に向けさせる働きをする」（ノーベル＝ライザー 1992: 84）とし、「この題名を、昔の明暗法の絵画や、それがもたらした豊かな色調性と関連づけて考えることもできる」（ノーベル＝ライザー 1992: 84）という。確かに、「響き」ということから、造形的なフォルムと音楽との関連性を暗示させているが、「いにしえ」の絵画手法である明暗法に目を向けて解釈することもできる。

このように、クレーはタイトルで方向性を暗示させているが、その言葉が作品を意味づけて固定してしまうことはしない。彼が造形行為のなかに、不確定性や偶然性を自覚していたように、タイトルも最終的な名づけの行為ではない。しかし、それは受容者を宙吊りにした状態にする行為でもある。クレーはタイトルから作品を捉えようとする受容者を宙吊りにすることによって、想像力を誘発すると同時に、タイトルの言葉から効率的に解釈しようとする身体的な構えにも揺さぶりをかけようとしたのである。クレーは「運動は、あらゆる生成の基底となっている。（中略）運動から生じた造形作品は、それ自体固定された運動であり、運動（眼の筋肉）のなかに受け取られる」（BD, S. 78）という。先にも示したようなクレーの作品には、多彩な色彩から生じるリズミカルな動きがある。私たちはそれらに誘発され、時間の経過を体感しながら、色彩における明暗や響きを感じ取ることができる。それゆえに、クレーの作品は、すでに完成したものではなく、受容者を宙吊りにしつつ、受容者を含めた、さらなる生成運動へと続くものだといえるだろう。

2　教師としてのクレー――バウハウスへの赴任

前節では、クレーが自らの造形行為をどのように語り、想像力や言語、さらには不確定性や偶然性とどのように向き合ってきたかを考察してきた。そこで本節では、画家であったクレーがなぜ教師になろうとしたのか、教育者としての課題をどう自覚していたのか、さらには学生たちに造形理論を語る際の課題をどのように認識していたのか、これらの点について検討してみたい。

（1）教職への関心

画家であったクレーは、なぜ教師になったのだろうか[10]。彼は、バウハウスの教師として招聘される直前に、別の学校で教職に就く可能性があった。一九一九年に、シュトゥットガルト美術学校の学生たちがクレーを教師として招聘しようとした。その学生たちの中心となっていたのが、その後ヴァイマルのバウハウスで同僚となるオスカー・シュレンマーであった。クレーは一九一九年七月二日のシュレンマー宛の手紙で「私が有益な教育活動を良心にやましいところなく避けられなくなるだろうという認識に立って、心の準備があることを最初から強調しておきたく思います。最も重要なことは、青年たちを指導するために、芸術家の芸術が生命あるもので、十分に時代精神があり、そのような芸術家を教師に任命するという事情を強調していることだと思います」（BD, S. 17）と述べている。この手紙からは、クレー自身が彼らの要請に共鳴しつつ、教職の道に進む決意をしていることが窺える。しかしながら、同校の教師たちからの反対にあって、シュレンマーらのクレーへの要請は実現することはなかった。ところが、その翌年の一〇月に、突然、ヴァイマルのバウハウスの教授たちから招聘されたのである。クレーの招聘に関しては、事前に学生たちに賛同がされて、ヴァルター・グロピウスがそのことをクレーに伝えている（BD, S. 17）。

（2）教育者としての課題

バウハウスでクレーの授業を受けたヘレーネ・シュミット＝ノネによると、クレー自身が学生たちに対して、「授業をすることになって、自分が無意識で行ってきたことを明確にしなければならなかった」（クレー 1991: 54）と語っていたとされる。前節の内容を踏まえると、クレーが自分の造形行為を意識的に語っていたことが指摘できるが、それはバウハウスでの講義において、自分の造形行為を学生たちにどのように語り、どのように体験させていくのかを考えてきた成果ともいえるだろう。

その一方で、クレーは教育の難しさも自覚しており、とくに芸術家の教育は難しいと述べている（BD, S. 21）。彼は、多くの人が眼に見える範囲に留まると批判し、「生命を恐れ、不確かなものを嫌がって避けるために、理論に固執している」（BD. S. 21）とするのである。つまり、従来の理論に依拠するのではなく、ここでも自然の生成運動を重視し、不確定性や偶然性を恐れずに、語る方法を模索していたといえるだろう。

（3）新たな語りの模索

それでは、クレーは造形理論について、どのように語ろうとしたのだろうか。そこでまず、バウハウスに着任する前に書いた論文を参照し、彼の語りの特徴を踏まえたうえで、バウハウスでの講義について検討することにしたい。ここで扱うのは、論文「創造的信条告白」において、読者を線描の世界へ誘う物語を提示する場面である。

これは、「認識の国への小さな旅」の「地誌的プラン」であり、「線の旅」として語られたものである（BD, S. 76-77）。クレーは「死んだ点を越えて、最初の活発な行為がある（線）。まもなく息をつくために立ち止まる（中断された線、あるいは何回もの休止のために分節された線）」と語り、さらにボートで川を横切る（波状運動）、橋を渡る（アート型の列）、地平線に稲妻（ジグザグ線）、星（散りばめられた点）などと物語が展開していく。このように線のイメージを膨らませる比喩が提示されている。ここでのねらいは、身近な世界における線の存在を再認識することであり、線はあらかじめ存在するのではなく、今まさにここで生成する運動プロセスを読者が追体験することであるといえるだろう。

このようなメタファーを用いた語りは、私たちの想像力を駆り立てるものであるが、クレーはバウハウスの講義においては、このようなメタファーを多用してはいない。バウハウスでは、線の世界を認識するだけでなく、より具体的な適切な造形手段を教えなければならなかった。それゆえに、線描のイメージを膨らませるメタファーだけでなく、形態の分析や造形的な方法を説明していく言葉を必要としたのではないだろうか。次節では、この点について検討することにしたい。

3　バウハウス講義におけるアクティブ・メディアル・パッシブ

ここでは、クレーが書いたバウハウスにおける講義ノート（一九二一年一一月一四日から一九二二年一二月一九日まで）を手がかりに、彼が形態の分析や造形的な方法を説明する際に用いた「アクティブ」、「メディアル」、「パッシブ」という概念に着目して、検討することにしたい。

（1）三種類の線

一九二一年一一月一四日冬学期の第一回講義において、線の性質について、アクティブな線、メディアルな線、パッシブな線と分けて、以下のように説明している。(11)

アクティブな線の一例が挙げられ、それは自由に拘束されずに動き回ることができ、「目的のない自分自身のためだけの散歩である」（BF. S. 9）と説明がなされる。これは有名な「散歩」の比喩であるが、誰かが「線を散歩に連れていく」(12)というよりも、主体である「線が自由気ままに散歩する」というニュアンスで語られている。つまり、目的なしに自由気ままに散歩をする線の様子が描かれている。その一方で、行先や期限が定められていて、できる

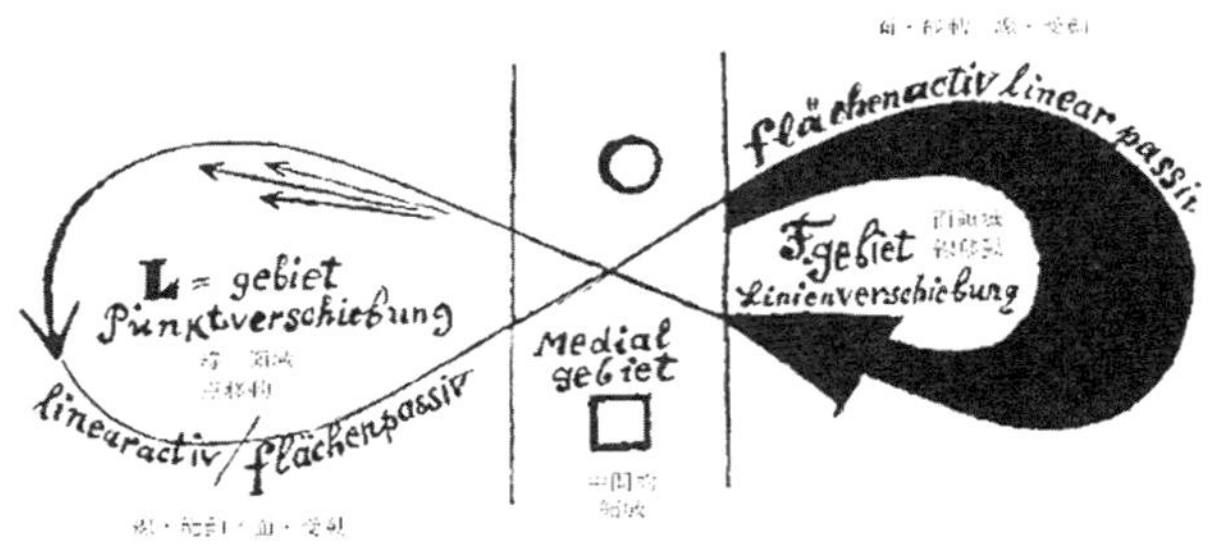

Fig 12

図1－2　アクティブ・メディアル・パッシブ
（クレー 1991: 11）

だけ早く移動するような線を「仕事上の往来（Geschäftsgang）」（BF, S. 10）と表現している。これは決められた点のあいだを動くようにあらかじめ定められている線の様子が描かれている。

メディアルな線については、三角形や四角形、円や楕円形のような平面図形を形成する例が挙げられている。これらの線については「落ち着いた性格」で「始まりも終わりもない」という特徴が語られる（BF, S. 11）。また、形成運動が完結すると、線的なイメージは面的なイメージへと変わり、動的な性格も消えてしまうとされる（BF, S. 11）。手で描きながら、線が生成しているあいだが動的な線であり、その直後には面へと受け継がれていく様子が描かれている。

また、パッシブな線は、「線を生む行為が重要なのではなく、面の動きから生じる線的な効果が問題となる」（BF, S. 11）。つまり、面の性格が線の性格より強調されると、線がパッシブと名付けられ、面がアクティブとなるのである。線が形づくられていくというよりも、むしろ消えていくような線といえるだろう。

以上のように、クレーはこのように線の種類を分類している。私たちが注目する「メディアルな線」と呼ばれる線は、アクティブとパッシブ、運動と静止の中間的な段階を表現しているものである。

クレーがメディアルな線を中間的な段階として捉えていたことは、彼が一九二二年五月一五日に復習として、三者の関係を振り返る際に示した図1－2からも読み取れる（BF, S. 146）。ここで提示されている「メディアルな領域」

は、アクティブあるいはパッシブな線と面という対立し合う二者が「あいだ」で出会う様子で描き出されている。

　それでは、クレーにおける「メディアル」とは「アクティブ」と「パッシブ」の「あいだ」という意味合いだけなのだろうか。以下では、構造（Struktur）や機能（Funktion）、あるいは有機的な連関について、アクティブ・メディアル・パッシブという概念を用いて論じている箇所をとりあげて、さらに検討することにしたい。

（2）人体構造におけるアクティブ・メディアル・パッシブ

　クレーは、人体における運動について、脳、筋肉、骨というように三分割して、アクティブ（aktiv）、メディアル（medial）、パッシブ（passiv）という観点からそれぞれの機能の関連を検討している。ただし、最初から三者の関係を分析するのではなく、まずその前段として、筋肉と骨の関係について検討することから始めている。

　ここでクレーは、異なる構造や機能に着目しつつ、両者の関係について論じている（BF, S. 81-83）。筋肉と骨の関係を考える際には、両者のあいだにある「腱」が仲介的な機能を果たしているとみる。筋肉の収縮あるいは短縮能力によって、筋肉とつながった二本の骨は折れ曲がった状態に変化せざるをえない。なぜならば、筋肉がそれを欲するからである。したがって、筋肉の運動機能は骨の運動機能よりも優っているとされるのである。骨の受動性は、筋肉の能動性あるいは意志に依存していることになる。つまり、筋肉と骨の関係においては、骨はパッシブであり、筋肉はアクティブとなり、腱が両者のあいだを仲介するのである。

　しかし、筋肉も脳から命令が伝えられるという状態を考慮すると、事態は変化することになる。筋肉は脳からの命令に従い、自らが行為をしようと欲するのではなく、行為をしなければならないのである。せいぜい、命令に従おうと欲するにすぎないとされるのである（BF, S. 84）。ここでは、アクティブであったはずの筋肉が、半ばパッシブな状態に置かれることになり、「筋肉は神経繊維によっても仲介される脳の信号による命令に服従する」（BF, S.

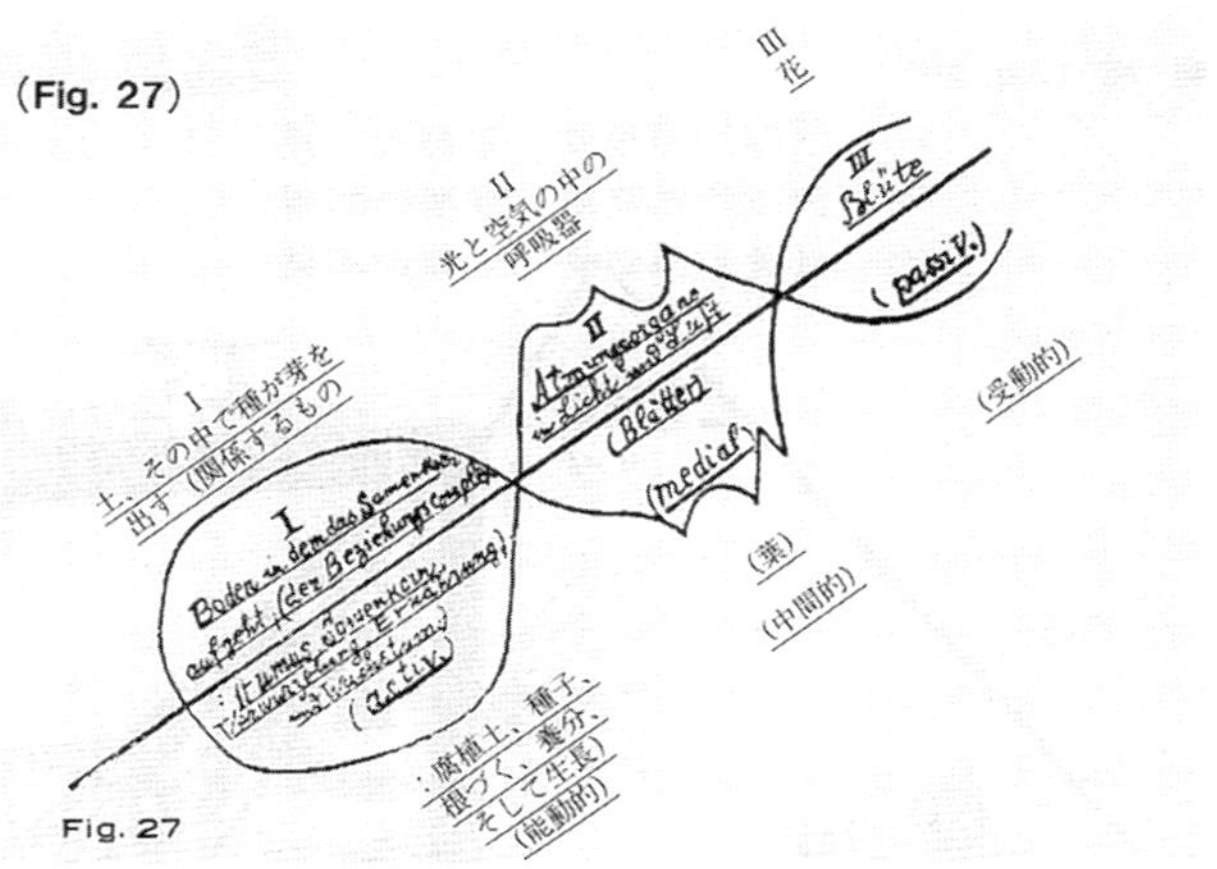

図１－３　植物（クレー 1991: 22）

84）とされるのである。

クレーは、以上の点から「奉仕（Dienen）」と「支配（Herrschen）」という機能の関係性を導き出している（BF. S. 85）。つまり、「骨」（パッシブ）と「筋肉」（アクティブ）の関係は、ある種の奉仕と支配の関係にあり、その仲介に「腱」がある。「筋肉」（パッシブ）と「脳」（アクティブ）の関係も、奉仕と支配の関係にあり、その仲介に「神経繊維」がある。そうであるならば、アクティブとパッシブとそれを仲介するメディアルという関係で捉えることができるだろう。ここでの課題は、「脳」（アクティブ）、「筋肉」（メディアル）、「骨」（パッシブ）の関係について考えさせるものであったが、これらの関係は、相対的なものであるといえる。見方が変われば、メディアルに位置づく「筋肉」も「アクティブ」であったり、「パッシブ」であったりするのである。このような相互に関連し合う人体構造を分析しようと試みたのである。

クレーは、このような動物的な「運動有機体（Bewegungsorganismus）」（BF. S. 87）の内部の構造だけでなく、図1－3のように植物における運動についても分析し、種子が発芽する土壌からアクティブに発して、葉が光や大気というメディアルな場を経て、パッシブな成果としての開花へ至る経緯も示している（BF. S. 92）。また、有機体だけでなく、水車などの機械や建造物についても同様の方法で検討している（BF. S. 88-91）。

（3）アクティブ・メディアル・パッシブに関する文法概念を用いた説明

これらの課題を検討した後に、一九二二年二月二〇日の課題として、「有機体の三分割：Ⅰ．アクティブな器官（脳）、Ⅱ．メディアルな器官（筋肉）、Ⅲ．パッシブな器官（骨）」を提示している。一九二二年二月二七日の講義では、前回の課題を振り返りながら、アクティブ、メディアル、パッシブという概念に関して言葉で説明するのが最も良いとして、文章表現の例を挙げている（BF. S. 87）。

ここでは、アクティブな形式は「私はやる（Ich treibe）」、パッシブな形式は「私がやらさせる（Ich werde getrieben）」、そしてメディアルな形式として、「私は親しくなる（Ich befreunde mich）」などを挙げている。メディアルな形式の例として再帰動詞の文がいくつか示されている。この点についてクレーは、「純粋なメディアルな形式は、ギリシア語からの私の記憶に残っているが、代名詞を全く使わずに、動詞の語尾変化という形でのみ表現されるのである」（BF. S. 87）と述べている。ここで、クレーがギリシア語の文法を手がかりに「中動態」をイメージしながら論じていることがわかる(13)。

それでは、先に検討してきたメディアルは「中動的」と呼べるものなのだろうか。少なくとも「中動態」は能動態と中動態の関係から能動態と受動態の関係へと変化したものとされており、能動態と受動態のあいだに位置づくものではないだろう。クレーが「言葉のアナロジー」（BF. S. 146）と表現しているように、あくまでも「メディアル」であり、中動態そのものを意味するものでもなく、その文法的な意味内実と一致するものでもない。三つの枠組みを用いて説明するために、「メディアル」という言葉を用いる一方で、その言葉の意味を一旦説明するために、過去の言語形態つまり「中動態」を引き合いに出そうとしたといえる。なぜならば、全く新しい概念を用いることでは十分に理解されず、「メディアル」は手垢にまみれた言葉であるが、そのような言葉を用いて語るしかなかったとは考えられないだろうか。

それゆえに、彼が文法概念に関する詳細な考察を加えていないことからも推察されるが、学生たちの中動態そのものに関する十分な理解を背景に語ろうとしたのではないだろう。ここで彼が試みたかったことは、二つあると考える。一つは、運動の始まりとなる部分つまり動因を明確にし、その流れを示すことにある。だからこそ、「アクティブ」という表現を用いる必要があったと考える。もう一つは、運動プロセスの全体を踏まえるためであると考える。クレーが「部分とかかわるときに、そこで検討すべきことが多種多様であっても、部分の行為そのものを意識し続けなければならない」（BD. S. 86）と述べているように、三分割したうえで、それぞれの部分に意識を向けて考察しようとしたと考えられる。「アクティブ」と「パッシブ」だけでなく、「メディアル」にも着目することで、動因と結果だけでなく、部分相互の関係や部分と全体の有機的な連関に関する適切な表現を模索することを試みたといえるだろう。

（4）多義的に用いられた「メディアル」

以上の点を踏まえると、クレーの「メディアル」には「アクティブ」と「パッシブ」の「あいだ」という意味合いとそれを「媒介する」という役割が含まれていた。それは、彼が「メディアルは一時的にアクティブを引きつけ、パッシブによって救われる」（UN. S. 159）と述べているように、アクティブとパッシブの重なり合い、せめぎ合いが発生する緊張関係のなかで、両者をつなぐ働きをしているのである。そのような意味では、この「あいだ」に位置づく「メディアル」は、「中間」という意味だけでなく、「媒介」という意味も含んでいる。

また別の例では、「雄しべと花粉」（アクティブ）、「昆虫の媒介（Vermittlung）」（メディアル）、「受粉された植物の種子」（パッシブ）と挙げられている（S. 352）。ここではアクティブがパッシブへと展開していくために必要不可欠な「媒介」という意味合いが強調されている。異なる二者をつなぐ自然の生命の仲介役となる媒体に着目し、「メディアル」

に「媒介」としての役割も見出していたといえる。

以上、本節で考察したように、クレーは「メディアル」という概念を多義的な使用方法を用いることで、造形的手段を語るための新たな概念として位置づけようとしたのである。

4　バウハウス講義における「あいだの国」

本節では、先に鍵となった「あいだ」あるいは「媒介」という概念に着目し、バウハウスの講義ノートを参照しながら、クレー自身の語りについて検討してみたい。ここでは、講義のなかで語っている「あいだの国（Zwischenreich）」という概念に着目して検討することにしたい。

「あいだの国」あるいは「あいだの世界（Zwischenwelt）」については、これまでにも着目されてきた概念である。(14) 頻繁に引用されるのが、バウハウスの同僚であったロタール・シュライヤーとの会話のなかで、クレーが「あいだの世界」について語っていたことをシュライヤーが回想している内容である（Klee, 1960, S. 249）。クレーによると、それは、すべての人が見える世界ではないのだが、子どもたちには見えている世界だとされる。また、「生まれていない者たちや死者たちの国（Reich）」などとも表現されている。池田祐子によれば、「まさしく生と死を、そしてあらゆる二元対立を恐れることなく見つめている者たちが形成している世界に他ならないことがわかる」（池田 1991: 66）とされるのである。ここでいう「あいだの世界」とは彼岸と此岸の「あいだ」なのだろうか、それとも物質的な世界と精神的世界の「あいだ」なのだろうか、クレーの語りには曖昧さを感じる部分がある。それでは、バウハウスの講義において「あいだの国」は、どのように語られたのであろうか。

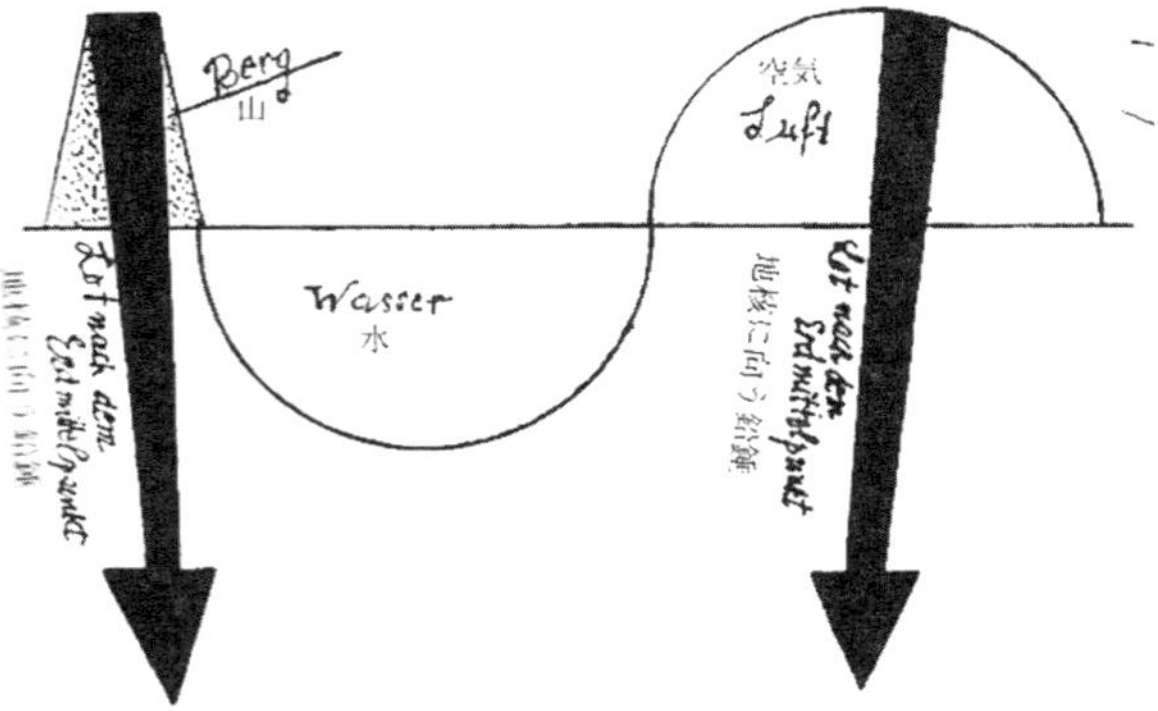

図１－４　大地、水、空気（クレー 1991: 37）

（１）「あいだの国」という視点

クレーは、一九二二年一月三〇日の講義で、これまでの講義で展開してきた垂直線や水平線、平衡などの議論に関する前提を問い直そうとする。これまでの議論は、「此岸的かつ人間的な前提」（BF. S. 62）とするものであり、そこでの運動は大地に拘束されたものだというのである。私たちは通例、地球の引力（Anziehungskraft）を克服することはできず、地上的なものはすべてこのことを考慮しなければならないという（BF. S. 63）。しかし、クレーはこのような拘束状態とは異なる別の法則が通用する世界が存在すると示唆する。それが「あいだの国」であるとされるのである（BF. S. 64）。

ここで「あいだの国」は、図1-4のように大気（Luft）や水（Wasser）のような場所が例示され、「別の法則のために、緩やかな運動とより流動的な場所にふさわしい新しい象徴が見いだされなければならない」（BF. S. 64）と述べている。クレーは垂直線を必要としなくなるような別のシステムをあえて導入することで、ある種の不安定さを生じさせ、異なるシステムにおける「分節」や「リズム」の表現を模索しようと試みたのである。

（２）「あいだの国」と分節

これでは、クレーが取り扱った事例をいくつか紹介しよう（BF. S. 66-68）。

まず、階段を上がる場合、徐々に上がるための努力や負担が増していく。これは、図1-5のように「確固とした分節」として表現されている（PS. S. 38）。次に、泳ぐ人のストロークが、図1-6のように緩やかな分節をもつリズムとして表現されている（PS. S. 38）。また、自由な気球が上昇しながら、暖かい大気の層から冷たい大気の層に入り、再び暖かい層に、最後には非常に暖かい層に入る流れが示される。これは、図1-7のように緩やかな分節をもつリズムとして表現されている（PS. S. 39）。ここでは、確固とした揺るぎないリズムと緩やかで流動的なリズムという二つの違いを捉えることになる。

しかし、この後の一九二二年二月六日の課題が「確固たるリズムと流動的な（または緩やかな）リズムとの組み合わせ」（BF. S. 69）とされるように、二つのリズムの違いや相互に連関する形態を考案させることがねらいであるのならば、わざわざ「あいだの国」を引き合いに出さずとも、最初から異なる二つの線を提示して分析する方法もあったのではないだろうか。

クレーは、自然と距離を置き、対象としてある線を

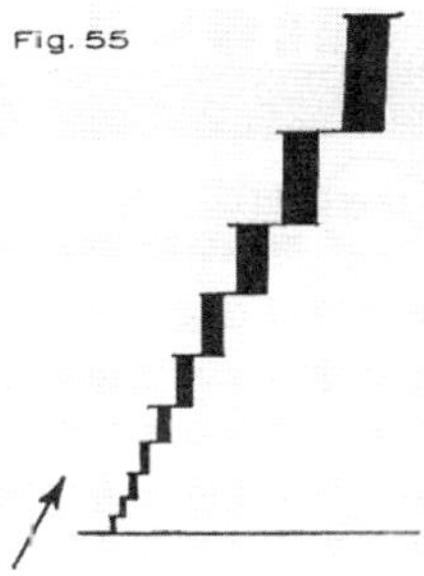

図1－5　大地（山）
（クレー 1991: 38）

図1－6　水（クレー 1991: 38）

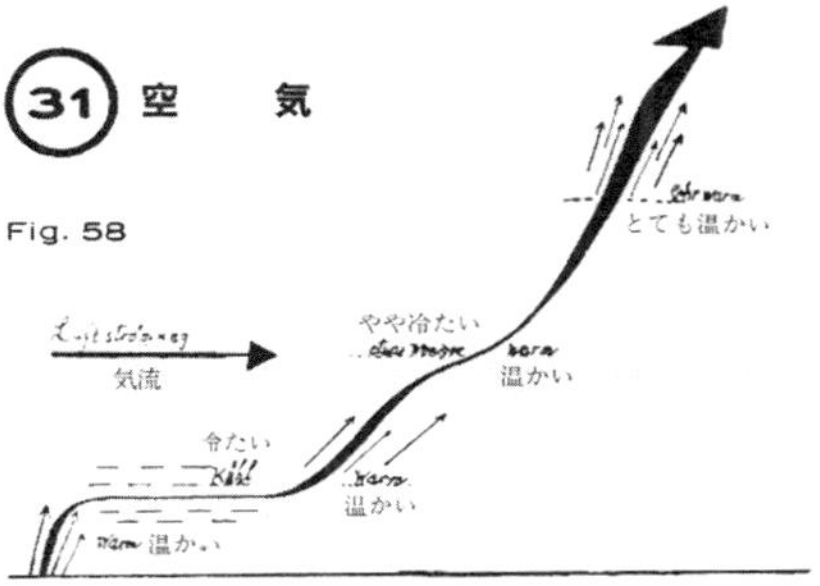

図1－7　空気（クレー 1991: 39）

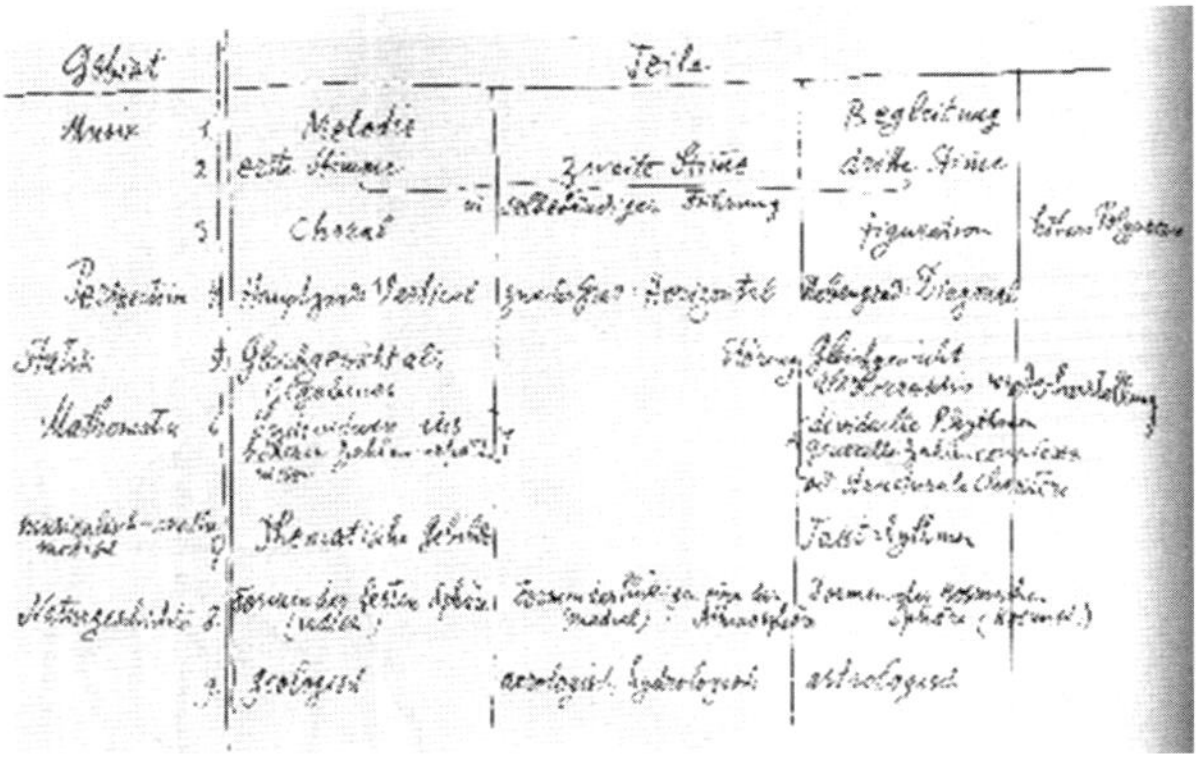

図1－8　講義ノートに記された図表（BD, S. 458）

客観的に分析するのではなく、第一節でも述べたように自分と自然とが一体となって捉えようとする。それゆえに、造形手段は常に生成していくものであると同時に、現実から切り離されてはならないものであった。どのような線が生じ、どのようなリズムを生み出すのか、その自然現象に応じて異なるため、その都度分析する必要があったのである。そうであるからこそ、包括的な自然、つまり大地と宇宙とのつながりのなかで生じてきたものでなければならず、抽象的な概念を外部の理論から借用してくるのではなく、自然における変容や多様なフォルムの生成などの具体的なものから語り、そのなかから新たな意味を含んだ概念を生み出していくしか方法がなかったのである。

(3)「メディアル」としての「あいだの国」

最初に述べた「あいだの世界」とバウハウスの講義で語られた「あいだの国」とは大きく異なるように感じる。[15] しかし、「あいだの国」というのは、大地と宇宙との関係から捉えれば、「大気」や「水」が「あいだ」に位置づくが、此岸と彼岸との関係から捉えた場合の「あいだ」でもあり、どこかに存在するものというよりも、先に検討した人体構造の語りが相対的であったように、語られる文脈に応じた相対的なものであるといえるだろう。

また、クレーはバウハウスの講義ノートで「あいだの国は、大きな宇宙へ到達するために、仲介となって、私たちに手を差し伸べてくれるかもしれない」（BF, S. 64）と述べているが、「あいだの国」も仲介する「メディアル」

と位置づけていたのであろうか。彼の講義ノートには領域と部分の項目から整理された図表が記されており、たとえば言語や言語学（文献学）の領域に関しては「アクティブ」「メディアル」「パッシブ」という部分が示されているが、博物学（自然史）の領域においては、「確固とした圏域のフォルム（地上的）」「流動的あるいは大気圏のフォルム（メディアル）」「宇宙圏のフォルム（宇宙的）」という部分が表記されている（BF, S. 150）。

しかしながら、「あいだの国」が大きな宇宙への到達のためにどのように仲介するのかは述べられておらず、地上的なものと宇宙的なものの「あいだ」にあることを暗示するだけで、漠然としたままである。ここで「あいだの国」とは何かが明確に定義されていないことは問題ではない。なぜならば、この場面で重要なことは、対極的な二つのシステムの「あいだ」という限定された場を示すことによって、そこで生じるフォルムを想像することにあったからである。

おわりに

アートの語り手としてのクレーは、あらかじめ存在しているわけではない、自然の生成プロセスを踏まえた造形的手段を説明する言葉を模索しつつ、画家としての造形行為を語り、教師として授業においても語ろうとしたのである。

また、本章で着目してきた、クレーがバウハウスの講義で用いた「メディアル」は「あいだ」や「媒介」などの意味を含むものであったのが、「アクティブ」と「パッシブ」と関連させるために、あえて「中動的」という辞書的な意味をもつ手垢にまみれた言葉を用いて語るしかなかったのである。最初に述べたように、岡田や前田が「中動態」的なものに注目する根源はここにあったのである。

クレーは一九〇八年の日記のなかで「本の山よりも、言葉の帝国よりも、目を開かせるような生きた言葉を私は愛でる」（TB: 840）と述べているように、彼が望んだのは言葉が現象を支配してしまうような強力なものではなく、「目を開かせるような生きた言葉」である。またそれは「言葉のなかにはたくさんの空間が、少なくとも眠った状態で存在していなければならない」（TB: 840）とされ、聞き手のなかで生成していくような言葉を求めたといえるだろう。

先に示した図1‐8の図表について、クレーは「部分相互の関係や全体に対する各部分の共同作用の仕方に、私は内容を追求し、計算上の形式主義を避ける努力をしながら、異なる名称を与え、理解を深めるために、基礎となる様々な概念を与えた」（BF. S. 150）と述べている。このような体系化や概念化によって、自然の生き生きとした現象を固定化してしまうことを避けつつも、学生たちが理解し、自らの造形行為に活かしてもらうためには、何らかの体系化や概念化は避けられないと考えていたのである。なお、この図表について、講義ノートではこれらを「暗記すべきではない」（BF. S. 151）と記されており、さらに『造形思考』では「原則として片づけるのではなく、自然のように成長すべきである」（BD. S. 457）と付記されている。

以上の点を踏まえると、クレーの示した概念枠組みは普遍的なものでもなく、今後変化する可能性を含んでいるのではないだろうか。だからこそ、その概念枠組みは最終的な名づけの行為を経て、定義づけられたものではなく、すき間があり、広く曖昧なものをも含んでいるといえるだろう。そのように学生たちに投げかけられた言葉はどのように受け止められたのだろうか。バウハウスの学生であったクリストフ・ヘンテルは、クレーの死去に際して、彼の授業を回想しながら、次のように述べている（グローテ 1976: 108）。

形式的、視覚的な探究がわれわれに新しい広い領域を開くのである。かつてその存在を知らなかったものが、われわれの意識のうちにたちあらわれてそこで活動する。〔中略〕ほんのきかじりで頭のどこかにひっかかっていたような原体験が、ふたたび新たな強烈な体験となり、意識の深みへと押しいってきて、われわれを揺り動かすのである。空虚な言葉、鈍化された概念がふたたび生き生きした、体験をはらむ形象となるのである。

ヘンテルの言葉を参照すると、クレーが投げかけた言葉がすぐに役立つものであったというよりも、聞き手自らの体験と重ね合わせながら成熟し、それが後から生きてくるものだったといえるのではないだろうか。すなわち、クレーの言葉は即効性を期待したものではなく、学生たちのなかで生き生きと目覚めることを期待するようなものであったといえるだろう[16]。このような教育観は、偶然性を恐れずに、それを本質化していこうとするクレーならではのものといえるだろう。

注

（1）この点については、パウル・クレー画、愛知県美術館、山口県立美術館編『パウル・クレーの芸術』中日新聞社、一九九三年、三二二頁を参照。なお、訳出に際しては、岸野悦子「線描芸術について——創造的信条告白」『表現主義の美術・音楽』（ドイツ表現主義　四）河出書房新社、一九七一年、一六九—一七三頁も参照した。

（2）この論文は、絵画の起源から発展段階を三つの時期に分けて論じ、今日カンディンスキーが取り組む「コンポジションを基調とする絵画」が純粋芸術の高次の段階に到達していることを主張したものである。カンディンスキー著、西田秀穂・西村規矩夫訳『芸術と芸術家』（カンディンスキー著作集　三）美術出版社、一九七九年、七四—八一頁を参照。

（3）この点について、グアルティエーリ・ディ・サン・ラッザーロ「序文」C・ノーベル＝ライザー著、本江邦夫訳『岩波　世界の巨匠　クレー』岩波書店、一九九二年、二〇頁を参照。

（4）この点については、パウル・クレー画、愛知県美術館、山口県立美術館編『パウル・クレーの芸術』中日新聞社、一九九三年、三二三頁を参照。なお、訳出に際しては、岸野悦子「自然研究への道」『表現主義の美術・音楽』（ドイツ表現主義　四）河出書房新社、一九七一年、二七七—二七八頁も参照した。

（5）訳出に際しては、矢内原伊作・土肥美夫訳『パウル・クレー』みすず書房、一九六二年も参照した。

（6）「自然研究の道」に関しては、多くの論者が論及している。池田祐子（1991）や斎藤郁夫（1993）、前田富士男（2012）などを参照。

（7）クレーの日記から引用する場合には、（TB: 日記番号）と出典を表記している。

（8）オートマティスムはシュルレアリストたちが注目してきた行為である。なお、クレーとシュルレアリスムの関係については、宮下誠『パウル・クレーとシュルレアリスム』水声社、二〇〇八年を参照されたい。

（9）ヴォルフガング・ケルステン（野田由美意訳）「自律的な有機体としての自然　パウル・クレー、フリードリッヒ・ヘッベル、ヴィルヘルム・ヴォーリンガー」『立命館言語文化研究』第二四巻第一号、二〇一二年、七頁。

（10）この点については、長谷川哲哉（1992）を参照。

（11）クレーの講義ノートに関しては、Paul klee. *Beiträge zur bildnerischen Formlehre*, Basel,1979（西田秀穂・松崎俊之共訳『パウル・クレー手稿、造形理論ノート』美術公論社、一九八八年）を参照し、この文献から引用している。なお、手書きの文書の解読に際しては、Paul Klee. *Das bildnerische Denken*, Basel, 2013（土方定一・菊盛英夫・坂崎乙郎訳『造形思考（上）（下）』ちくま学芸文庫、二〇一六年）を参照した。また、訳出に関しても上記の翻訳書を参考に行った。

（12）岡田温司は「線を散歩に連れていく」という言葉を引き合いに出しながら、中動態との関連を示唆している（岡田 2016: 348）。しかしながら、クレーが自由気ままに散歩する線をアクティブな線と捉えている点を踏まえて検討する必要があるだろう。

（13）クレーはベルンのギムナジウムで学んだが、とくにギリシア語の授業に熱中したとされる。ハフトマンによれば、ギリシア語の授業が「ギリシア古典の崇高な世界へ興味を起こさせ」て、「ほとんど毎晩寝つくまえに原語を読んだ、ギリシア古典作家たちへのクレーの愛情は、この時代に端を発する」（ハフトマン 1982: 23）とされるように、クレーはギリシア語に精通していたといえるだろう。

（14）Zwischenreichは、「中間領域」と訳出されることが多いが、全体から区分したうちの「領域」というよりも「国」のような特別な場所という意味合いがあると考える。そこで、眞壁宏幹（2011）が「あいだの国」と訳出していることを踏まえ、ここでも

「あいだの国」と訳出する。また、Zwischenreich と Zwischenwelt に関しては、後藤文子（1999）と眞壁宏幹（2011）を参照。また、後藤は、Zwischenreich について「緩やかな浸透の可能性を持った領域的境界、クレー自身の内面における未分化で原初的な創造の領域」（後藤 1999: 80）という解釈を試みている。

（15）　この一連の講義においては、「虹」という現象が「大気圏という大地的—宇宙的なあいだの国」で起こるとされ、「純粋な色彩は彼岸的事象」であるため、それは最高の完全性を示すものでなく、「半ば彼岸的である」にすぎないとされており（BF, S. 153）、「あいだの国」での虹の現象を「半ば彼岸的」であると捉えている。

（16）　長谷川哲哉は、R・ヴィックの『バウハウス教育学』（一九八二）を参照しつつ、バウハウスの学長グロピウスにとっては、「クレーの「私的言語」が機械生産品の原型制作に応用されうるように「研究公開的言語」すなわち合理的な「形成の文法」へと変形されていなければなら」（長谷川 1992: 42）ないとするが、クレーの「講義内容が「最高度に個性的な詩」、つまり自由芸術家の「私的言語」の域をほとんど出ていなかった」（長谷川 1992: 45）と指摘している。このような指摘からは、バウハウスにおいては、クレーの言葉が応用可能性のない、私的かつ詩的な言語として受け止められる可能性があったことが窺い知れるだろう。その一方で、クレーが言葉を用いる意義を応用可能性とは異なる方向性に見出していたことを示唆するものと解釈することもできるだろう。

引用・参考文献

クレーの著作

BF:Paul Klee., *Beiträge zur bildnerischen Formlehre*, hrsg von Jürgen Glaesemer, Basel, 1979（＝西田秀穂・松崎俊之共訳『パウル・クレー手稿、造形理論ノート』美術公論社、一九八八年）.

BD:Paul Klee., *Das bildnerische Denken*, hrsg. und bearbeitet von Jürg Spiller, Basel,2013［1956］（＝土方定一・菊盛英夫・坂崎乙郎訳『造形思考（上）（下）』ちくま学芸文庫、二〇一六年）.

PS:Paul Klee., *Pädagogisches Skizzenbuch*, München. 1925（＝利光功訳『教育スケッチブック』（バウハウス叢書 二）中央公論美術

出版、一九九一年）.

TB:Paul Klee., *Paul klee Tagebücher 1898-1918*, hrgs.v.Paul-klee-stiftung Kunstmuseum Bern, bearbetiet von W.kersten, Stuttgart. 1988（＝高橋文子訳『新版　クレーの日記』みすず書房、二〇〇九年）.

UN:*Unendliche Naturgeschichte*, hrsg. und bearbeitet von Jürg Spiller, Basel. 1970（＝南原実訳『無限の造形（上）（下）』新潮社、一九八一年）.

F.Klee., *Paul Klee : Leben und Werk in Dokumenten, ausgewählt aus den nachgelassenen Aufzeichnungen und den unveröffentlichten Briefen*, Diogenes, Zürich. 1960（＝矢内原伊作・土肥美夫訳『パウル・クレー』みすず書房、一九六二年）.

M・バウムガルトナー著、水沢勉訳「パウル・クレー、その想像の旅」『旅のシンフォニー　パウル・クレー展』図録、中日新聞社、二〇〇二年。

C・ギーディオン＝ヴェルガー著、宮下誠訳『パウル・クレー』ＰＡＲＣＯ出版、一九九四年。

後藤文子「媒介をめぐる試論——連想の場としてのクレーのZwischenreich」東京国立博物館『ＭＵＳＥＵＭ』五六二号、一九九九年、七一—八二頁。

W・グローマン著、井村陽一訳『ＫＬＥＥ』美術出版社、一九六七年。

L・グローテ著、喜多尾道冬・佐藤俊一郎訳『クレー回想』審美社、一九七六年。

W・ハフトマン著、西田秀穂・元木幸一訳『パウル・クレー——造形思考への道』美術出版社、一九八二年。

長谷川哲哉「パウル・クレーとバウハウス教育学」『和歌山大学教育学部紀要　教育科学』第四一集、一九九二年、三一—五三頁。

本郷均「中間領域の創造性について——クレーとメルロ＝ポンティ」日本大学経済学部編『研究紀要：一般教育・外国語・保健体育』第七五号、二〇一四年、四五—七四頁。

池田祐子「パウル・クレーの世界——彼岸と此岸をめぐって」大阪大学文学部美学科『フィロカリア』第八号、一九九一年、三五—七三頁。

池田祐子「神から生ける人間へ——解釈の中のクレー」W・ケルステン著、池田祐子訳『クレー【大はしゃぎ】』、一九九七年、一〇五―一二六頁。

W・ケルステン著、池田祐子訳『クレー【大はしゃぎ】』三元社、一九九七年。

前田富士男「パウル・クレーにおける「分節」概念の成立」三田哲学会『哲學』第六二号、一九七四年、五五―八二頁。

前田富士男『パウル・クレー　造形の宇宙』慶應義塾大学出版会、二〇一二年。

眞壁宏幹「原音楽性の感受とシンボルの受胎――パウル・クレーの子ども絵と言語発達への関心を通じて」日本芸術療法学会『日本芸術療法学会誌』第四二巻第一号、二〇一一年、五一―五九頁。

宮下誠『パウル・クレーとシュルレアリスム』水声社、二〇〇八年。

森田亜紀『芸術の中動態：受容／制作の基層』萌書房、二〇一三年。

C・ノーベル＝ライザー著、本江邦夫訳『岩波　世界の巨匠　クレー』岩波書店、一九九二年。

野田由美意「パウル・クレーの絵画とタイトルの関係」東京大学比較文学・文化研究会『比較文学・文化論集』第一五号、一九九八年、五〇―六〇頁。

大岡信「パウル・クレー　線と胚種」大岡信『現代詩試論／詩人の設計図』講談社文芸文庫、二〇一七年、二八一―二九七頁。

岡田温司「文庫版解説「中間領域」の思索と創作」パウル・クレー著、土方定一・菊盛英夫・坂崎乙郎訳『造形思考』下巻、ちくま学芸文庫、二〇一六年、三三九―三五〇頁。

斎藤郁夫「クレーと近代芸術――クレーの造形思考とフィードラーの芸術論をめぐって」パウル・クレー画、愛知県美術館、山口県立美術館編『パウル・クレーの芸術』中日新聞社、一九九三年、二五―二九頁。

第二章　哲学対話と演劇に共通する企てと抱負とは何か
――誇りと懐疑の対位法としての対話の本性と可能性

勢力尚雅

はじめに――「哲学対話」の教育効果への期待と懐疑

道徳的、公民的能力や資質の涵養のために、「道徳」や「公共」といった科目が、新たな教科として、その適切な形を模索され始めている。その際、探求されている問題（道徳的・公民的な価値・能力・資質）が何で、それをどう探求していくのかについて、教員が生徒に一方的に押しつけるのでなく、主体的・対話的に考えさせ、議論させる。つまり、何かしらの教材をきっかけとして、「善悪」や「価値」といった謎めいた概念の使用法を、主体的・対話的に他者とともに考え、表現する活動への参加を誘う。これは、生徒と教員（生徒の活動をどう励ますかを問われる者）を、哲学的な言語活動（哲学対話）に否応なく巻き込む試みであり、その経験の振り返りを通じて、「対話とはどのような活動か」についての再考を促す点で、さらなる哲学対話を誘発する試みと言ってよいだろう。その効果は、特定の教科だけでなく、思考、教育、学習、コミュニケーションとは何でありうるかを問い直すことを通じて、日常生活のさまざまな場面に及ぶことが期待されているに違いない。

それにしても、「哲学的な言語活動」という物言いは大げさだと考える人もいるかもしれない。しかし、そうではあるまい。というのも、戸田山和久の言葉を借りるならば、哲学は元来、「ありそうでなさそうでやっぱりあるもの」（戸田山 2014: 11）を中心主題としてきたからである。たとえば、「意味」、「価値」、「目的」など、哲学がそれを一枚の絵にするためのスケッチを描こうとしてきた主題を、戸田山は「人生にたいせつな「存在もどき」」と呼んでいる（戸田山 2014: 17）。たしかに「正義・不正義」にしても「美醜」にしても、これら抽象概念の実体が曖昧であるだけでなく、これらの概念を用いて判断する私たち各自の意図や信念連関も幽かで把握しがたい。その意味で幽霊のようなこれらの概念が、それにもかかわらず世界に一定の秩序をもたらし、ときに深刻な対立の原因にもなっている。哲学対話は、これら幽霊のごとき、「取扱要注意」の概念を交わしながら互いの経験に触れ合うということと、その経験自体についての反省を通じて、これらの概念の取り扱い方自体をメタ的に考察するという点に、少なくとも一つの特徴がある。

哲学対話に巻き込まれる機会は、これらの新しい教科を通してだけではない。たとえば、河野哲也は哲学対話をする能力の現代社会における重要性について次のように述べている。「現代で求められているコミュニケーション能力とは、伝統的な権威関係が通用しない社会においても人びとを結集させることのできる人間交流の力です。〔中略〕現代社会はその全体がそうした多様な人びとが出会う場所になっているのです。そこで求められているコミュニケーション能力とは、哲学対話をする能力なのです。それは、一定の社会的立場や役割を超えて、特定の目的を持たず、裸の人間として相手と向かい合う態度をとれる力のことなのです」（河野 2018: 49-50）。

では、「一定の社会的立場や役割を超えて、特定の目的を持たず、裸の人間として相手と向かい合う態度」とはどのような態度だろうか。互いの胸中にある何かを率直に開示しあう態度だろうか。そして、そのような態度をとるためには、どのような言語活動や技法を身につける必要があるのだろうか。また、そのような態度を自他に要求することは、どの程度可能で、またその要求はどのようにして正当化可能なのだろうか。

実際のところ、そのような態度をとろうと企てても、私たちは、瞬間的な感情や単純な思考の突発的な表出と誤解されてしまうなどの苦い経験を経て、ホンネを無防備にさらけ出そうとすることに伴う各種の危険を回避するマナーに固執しがちだろう。その結果、たとえば、当たり障りのない抽象的な「正論」や、多数派や有力者や「空気」に従順なふりをして、そのときどきの各種の理不尽をやりすごすスマートな態度こそ「大人」の態度と考えるに至る。臭いものに蓋をし、沈黙は金と考え、長いものに巻かれる。それができない杭は打たれるからである。かくして、社会的立場や思想信条の異なる人に対しても、一定度理解したふりをし、わかりあうふりをして、その場にいる人々の想定内に収まるような、「無難」な言語行為を多用する。しかも、これら「無難」な言語行為が、私たちの日常にある種の秩序や滑らかさを生んでいることも否定しがたい。「みんな」で一致団結できる結論、対立することなく結束できる問題と価値観のみを共有しようという態度である。たとえば、男女の平等を推進しようとか、地方創生や被災地の復興をはかろうとか、平和を推進しよう、公共の利益のために規則を守ろうなどといった抽象的な言説において大勢が一致することで、一定の秩序や協調が生じていることは否定しがたい。

しかし、このような抽象的な言説における結束の滑らかさは、少し具体的にその中身を検討すると深刻な意見対立を取り繕う表層的な見かけにすぎないことが判明する。したがって、河野の言う「裸の人間として相手と向かい合う態度」をとるとは、「大人」の態度に、場当たり的な不誠実さや保身のための自己欺瞞の匂いを嗅ぎつけ、うわべだけの結束と、それを支える魂のこもっていない言語行為を、偽物の対話として告発し、その克服に向けた行為を企てることかもしれない。一致しているかに見える言説に賛意を示す人それぞれにおいて、その言説にどのような意図や信念・思想の連なりが結びついているのか。その隠れたリアリティを（自分自身において探り、他者の前でともかくも再現、仮構する表現の交換を試み、ときにぶつかり合い、共鳴し合い、侵し合い、触発し合いながら）相互に変容させていくこと。うわべだけの対話に懐疑の眼差しを向け、言葉だけでは見通しがたい自他の魂のリアリティに、自他の聞き取りにくい声や記憶に寄り添うことを通じて、迫り、侵し、触れる言語行為こそ哲学対話の企ての主要な特徴とするならば、このいわば、言語行為への懐疑を伴う言語行為の試みとは、はたして何をすることなのだろうか。

以下では、この問題を考えるにあたり、懐疑と冷笑の関係を考えることから始めよう。というのも河野によれば、「自分が社会から疎外されていると感じてむやみに反抗的で冷笑的」な人や、「社会の運営はエリートに任せておけばよいと考え、自分は権威や権力にただ追従し、多数に同調して生きている人びと」は、いずれも「民主主義の破壊者」と批判されているからである（河野 2018: 60–61）。河野によれば、これらの破壊者たちは対話を通じてこそ社会参加を促されるという。しかし、実際には、そのような対話が持続・拡大することへの悲観と諦めは根強く、その結果として、冷笑主義や同調・追従主義がはびこっているのではないだろうか。その特徴は次のようなものだろう。①自己限定（自分を非専門家と限定し、責任は専門家に一任。「お客さま」として世話を焼かれていたい）。②自己欺瞞（自分は適切な問いに適切な考察で応答できる力があると思いあがるナルシシズム）。③視野狭窄（目先の問題解決に資する情報や理論にしか興味がない）。④無関心・不寛容（①〜③に気づかせる他者の声に耳を傾けたくない）。⑤個人主義（「今・ココ・私」さえ、目先の利益を得られればよい）。⑥人間不信（①から⑤を自他に感じるときに抱く、不信感と孤独感）。⑦無気力・不活性（自分で感じ、考え、表現する責任から逃れたい）。

太宰治の『走れメロス』であれば「王」に、夏目漱石の『こころ』であれば「先生」に、現代人の似姿を感じるとすれば、この種のparalysis（精神的麻痺）[1]はあまりに身近である。真摯な対話は持続も拡大もしないという諦観から生まれたparalysisを前に、真摯な対話を試みようとする姿勢自体がそらぞらしいという冷笑的な声に支配されることは、「民主主義の破壊者」というよりは、まっとうな情熱的懐疑主義者の証かもしれない。まずは謡曲『卒都婆小町』を題材に、この問題を考えてみることにしよう。

1 縦の笑いと横の笑い――謡曲『卒都婆小町』と三島由紀夫の翻案を題材として

観阿弥の手になる『卒都婆小町』という謡曲は、ある種の対話と冷笑の関係を、そしてそれとは別種の対話と懐疑の関係を考えるうえで興味深い。高野山での修行を終え、都へ向かおうとしている僧とその従僧が、老醜と落魄を恥じて都を出て行こうとしていた百歳の老女（小野小町）と出会う。僧は、この乞食の老女が卒都婆に腰かけていることに気づき、乞食を教化して卒都婆に腰かけるのをやめさせようとする。教化を試みる際の僧の理屈は、卒都婆とは仏の姿を表したものであるというものである。これに対して、老女は次のような問いを連ねて反駁していく。卒都婆を仏体とする理由は何か。そこに表されているという大日如来の誓願の形とはどのようなものか。卒都婆の功徳とは何か。自分が菩提心を起こす場合も、卒都婆の功徳に劣るのか。倒れていた卒都婆を仏体と知っていたからこそ腰かけたことが悪事だとしても、煩悩というのは菩提なのだから、往生は可能ではないか。「もとより愚痴の凡夫を、救はんための方便の、深き誓いの願なれば、逆縁なりと浮かむべし」つまり、「もともと、諸仏によるありがたい誓願は、愚かな凡夫を救おうとするための手段なのですから、たとえ悪事を行った者であっても成仏できるのです」と反駁する。このような対話を経て、僧は、老女を「まことに悟れる」と認め、頭を地につけて三度にわたり礼拝している（天野 2017: 350-355）。

この一連の問答は、物知り顔の僧を反対にやり込める理屈の連なりで構成されていて痛快ですらあるが、「煩悩即菩提」という思想の解釈と実践をめぐる老女の側の優越を老女自身が誇っているようにも見える。その証拠に、老女はこの問答の後に「戯れの歌」を詠み、さらには僧の教化に対して「むつかしの僧の教化や、むつかしの僧の教化や」としている（天野 2017: 355-356）。さて、そうなるとこの場合、僧と老女の間で交わされた対話は、老女の優越感と冷笑で終わる、いわば僧への逆教化にすぎないのだろうか。河野が言うところの「むやみに反抗的で冷笑的」な相手による、似非対話にすぎないのだろうか。

この問題を考えるにあたり、「縦の笑い」と「横の笑い」の区別に目を向けておこう。ここでいう「縦の笑い」とは、落語家の桂文珍がインタビューで語った事柄を念頭に置いている。桂によれば、「縦の笑い」は、「優越感から生じる「嘲笑」や権力の弱い者が強い者を皮肉る「風刺」」であり、「横の笑い」は「「あんたもやっぱりそうか」という仲間同士の共感」とされる。桂によれば、「成熟した社会では「横の笑い」が増える。人間共通の弱さ、悪、ずるさを認めた上で「自らを笑う」。自分の姿を、もう一人の自分が、離れた所から眺める。客観視する」という（二〇〇八年一月五日　読売新聞東京本社　朝刊）。

さて、この謡曲では、老女が僧と出会う前に、老女自身が、「哀れやげにいにしへは、驕慢最も甚だしう」と若き日の自分の奢りを振り返り、さらに「いまは民間賤の女にさへ穢まれ、諸人に恥をさらし、嬉しからぬ月日身に積もつて、百歳の姥となりて候」と語っている（天野 2017: 351）。若かりし日々は、その美しさゆえに周囲を嘲笑し、そして今は落魄ゆえに周囲に嘲笑される。そんななか卒都婆に腰かける老女の煩悩を咎め教化する（いわば人間臭い）僧に対して、老女は共感するのでなく、僧たるものが「煩悩即菩提」の実質を心得ていないと皮肉と風刺をこめて揶揄しているように見える。僧に共感し、卒都婆に腰かける罰当たりな自分の弱さ・悪を自ら笑う余裕がない点に、小町の未熟さを責めるよりも、誰かと比較することで誇りを保とうとする煩悩一般の強さを、老女小町に仮託して描く狙いがあったのかもしれない。

しかし、この謡曲で交わされる対話に、横の笑いを加味してみることもできるだろう。三島由紀夫の戯曲『近代能楽集』所収の『卒塔婆小町』は、その一つの試みといえるかもしれない。三島は、老女を「老婆」とし、その相手を僧から詩人に変えることにより、老婆の冷徹なリアリズムを誇張する。この詩人は、愛し合う男女が恋という

「天まで登る梯子」にのぼって陶酔の中で見ているものを尊敬する。それに対して、老婆は、そのような男女は目をつぶっている死人に過ぎず、早く生き返ったほうがよいと、どこまでも醒めている。対照的な二人の間には、次のような対話が交わされている（三島 2017: 102–103）。

老婆　昔、私の若かった時分、何かぽーうっとすることがなければ、自分が生きていると感じなかったもんだ。われを忘れているときだけ、生きているような気がしたんだ。そのうち、その間違いに気がついた。［中略］悪い酒ほど、酔いが早い。酔いのなかで、甘ったるい気持のなかで、涙のなかで、私は死んでいたんだ。……それ以来、私は酔わないことにした。これが私の長寿の秘訣さ。

詩人　（からかうように）へえ、それじゃお婆さんの生甲斐は何だい。

老婆　生甲斐？冗談をおいいでないよ。こうして生きているのが、生甲斐じゃないか。私は人参がほしくて駈ける馬じゃあない。馬はともかく駈けることが、則に叶っているからね。

詩人　わき目もふらず、走れよ小馬か。

老婆　自分の影から目を離さずにね。

詩人　日が落ちると、影は長くなる。

老婆　影が歪んでくる。まぎれっちまう、宵闇に。

（かゝる間に、ベンチの恋人たちはおのがじし悉く退場）

詩人　おばあさん、あなたは一体誰なんです。

老婆　むかし小町と言われた女さ。

詩人　え？

老婆　私を美しいと云った男はみんな死んじまった。だから、今じゃ私はこう考える、私を美しいと云う男は、みんなきっと死ぬんだと。

老婆と詩人とは、一見すると、対照的である。長い年月を生き抜いてきた老婆の老練なリアリズムが、詩人の未熟な陶酔癖に対して優越を誇る、縦の関係が描かれているように見える。しかし、少なくとも謡曲と比較して、この戯曲の二人の間で交わされている関係性は、横の笑いに近いと言えるだろう。他人の陶酔に陶酔する詩人に触発されて、老婆もまた若かりし日の自分が陶酔のなかでだけ生の実感を得ていたことを想起し、告白する。若き日の老婆や、彼女のもとに集った男たちは、この詩人と同様のロマンチックな陶酔癖をもちあわせており、彼らの間には仲間同士の共感と、そこから発する親身な気づかいが見られる。老婆が代弁しているのは、彼女に恋して死んでいった男たちの声である。そして、冷徹なリアリストとなった彼女さえもそれを信じ切ってしまう（ある意味、それは陶酔に近いかもしれない）不可思議なフィクション（「私を美しいと云う男は、みんなきっと死ぬ」ということ）が断固たる事実として語られる。詩人は、老婆の声を通して実体化された、恋に陶酔する男たちの声と、彼らを死に追いやる不思議な事実に耳を澄ましながら、言葉を探している。いや、詩人だけではない。詩人、老婆、死んでいった男たちの間で交わされる対話は、読者（観客）自身に人生の振り返りを促すようなメタファーとして浮かび上がってくる。戯曲（演劇）に登場する対話者たちの言葉（演技）に触発され、読者（観客）の過去を含む不在の者たちの声に耳を澄ますというプロセスを通じて、「あんたもやっぱりそうか」といった「横の笑い」が生じる。このプロセスこそが対話の可能性を拓くと私は考えるが、その検討は第3節以後に譲り、次節では、この謡曲と戯曲の最終的な結末を題材に、対話によって変容・変身が促されるとはどのような事態かということを考えることにしよう。

2　対話のはての変身――謡曲『卒都婆小町』と三島由紀夫の翻案を題材として

「あなたは一体誰ですか」。この問いかけは、謡曲においても僧と老女の関係性を冷笑や皮肉から解きほぐしていく。僧は、老女の言葉・所持物・身なりに関心を向け、老女のこれまでの人生航路と現在の境遇に共感・共苦しながら、老女が自らの人生を振り返るプロセスに寄り添う。誇り高き小町が僧に心を許し、物乞いがうまくゆかないときには、腹を立てて悪態をついたりしていると打ち明けた直後、彼女は突如として狂乱状態となり、その声は異様なものに変わる。まずは、このあたりのくだりを現代語訳で紹介しよう（天野 2017: 358）。

老女　もうし、何かお恵みください。もうし、お僧殿。
僧　いったい、どうしたというのか。
老女　小町のもとへ通うことにしよう。
僧　そなたが小町ではないか。どうして正気とは思えぬことを言うのか。
老女　いやいや、小町という人は、たいへんな美貌の持ち主で、多くの貴公子からたくさんの恋文が届けられたのですが、たとえ本心ではないものでも、誰にも返事をしませんでした。百歳になったいま、その報いがきて、いまは人恋しくてなりません。
ああ、人恋しいこと。
僧　人恋しいなどと言うのは、いったい誰の霊が取り憑いたのか。

現代の私たちは、突然その人らしからぬ発言をした人を前に、「いったい誰の霊が取り憑いたのか」と問いかけることは、まずない。しかし、前節でみたように、戯曲の老婆は、自分に恋を打ち明けた男たちがことごとく死んでいった過去を振り返りながら自らのリアリズムを築いた。同様に、謡曲の老女も、僧との対話を通じて自らの人生航路で関わった人々のことを想起する中で、自分と関わり死んでいった男の声を想起し、その声が今の自分の境に影響を及ぼしていると考えるに至ったのだろう。実際には、僧自身との対話ではなく、この想起された不在の男の声との対話を通じて、老女は変化している。「いったい誰の霊が取り憑いたのか」という僧の問いかけは、「あなたは誰のどんな声に耳を澄まそうとしているのか」という問いかけと解せば、この問いかけこそが、対話の質を変え、老女自身の変化を促しているといえよう。この問いかけが、老女に恋い焦がれるなかで落命した深草少将の身になることを老女に促し、老女になっても縦の笑いで誇りの鎧を身にまとっていた小町が、文字通り煩悩を菩薩に変え、聖女へと変身するきっかけとなるのである。

では、戯曲のほうの結末はどうであろうか。戯曲では、深草少将と老婆が八〇年前に鹿鳴館で踊ったときのことを、詩人が深草少将役を買って出ることで、老婆とともに詳細に想起していく流れとなる。想像の中で八〇年前の小町と踊る詩人は深草少将の身になり、二人は次のように言葉を交わす（三島 2017: 113–115）。

詩人　僕は今すぐ死んでもいい。一生のうちにそんな折は、めったにあるものじゃないだろうから、もしあれば、今夜にきまっている。
老婆　つまらないことを仰言いますな。
詩人　いや、今夜にきまっている。もし今夜を他の女たちとすごしたように、うかうかすごしてしまったら、ああ、考えただけでぞっとする。
老婆　人間は死ぬために生きてるのじゃございません。

詩人　誰にもそんなことはわからない、生きるために死ぬのかもしれず……。
老婆　まあ、俗悪だわ！俗悪だわ！
詩人　たすけて下さい。どうすればいいのか。
老婆　前へ……前へお進みになるだけですわ。
詩人　きいて下さい。何時間かのちに、いや何分かのちに、この世にありえないような一瞬間が来る。そのとき、真夜中にお天道さまがかがやきだす。大きな船が帆にいっぱい風をはらんで、街のまんなかへ上って来る。僕は子供のころ、どういうものか、よくそんな夢を見たことがあるんです。大きな帆船が庭の中へ入って来る。庭樹が海のようにざわめき出す。帆桁には小鳥たちがいっぱいとまる。……僕は夢の中でこう思った、うれしくて、心臓が今とまりそうだ……。
老婆　まあ、酔っていらっしゃるんだ。
詩人　信じないんですか、今夜のうちに、もう何分かすれば、ありえないことが……。
老婆　ありえないことなんか、ありえません。
詩人　（じっと老婆の顔をみつめて、記憶をふるい起すごとく）でも、ふしぎだ、あなたのお顔が…
［中略］
老婆　私は九十九歳だよ。目をおさまし。じっと見てごらん。
［中略］
詩人　何かをきれいだと思ったら、きれいだと言うさ、たとえ死んでも。
老婆　つまらない。およしなさい。そんな一瞬間が一体何です。

生命よりもたいせつな何かがあり、それとの関わり方を表現する一瞬のほうが死よりも重いと考える詩人は、彼自身がその身になってみた深草少将の声を聞き取り、ますます熱を帯びる。そのような考え方と袂を分かつことでこそ生きながらえることができたと確信している老婆は、「そんな一瞬」があること自体は否定しないが、「そんな一瞬」に生命以上の意味を見出す考え方は「つまらない」、「俗悪」と評している。しかし、それでいて、「たすけて下さい。どうすればいいのか」という詩人の言葉に対して、「前へ……前へお進みになるだけですわ」と応じている。そして、最終的には、この言葉が、詩人から迷いを取り除くきっかけとなっているように見える。二人が対話しているテーマは、理想的な美というそれ自体実在するかどうか怪しげな幽霊のような実在とどのように関わりながら生きるか（死ぬか）という、生き方の問題である。字面だけを追っていると水と油のように見える二人の対話は、その対話を聞く者を巻き込んで、生き方に対する態度をどうするかという問題となって、聞く者に過去を想起させ、未来への態度を問いかけてくる。

対話を進める中で、言葉に触発され、今ココにはない実在、しばしば正体不明の実在との関わり方が気になり、過去を想起し、未来への態度を自問する。そのような対話は、その対話を聞く者・見る者にも、同様の態度を誘わずにはいない。このような対話の本性と可能性について、次節では、岡田利規の作品を題材とすることによって、さらに検討してみよう。

3　虹のようなフィクションを互いの頭と心の中に受精する手段としての演劇＝対話

現実をどのように捉え、それとどのように関わっていくか。この問題をめぐる対話の問題を、本章で劇作を題材として論じていることは偶然ではない。二〇一一年の秋、震災と日本の演劇という特集を組んだドイツの雑誌に寄稿した文章の中で、岡田は次のように述べる。

現実社会に対置される強い何か。それはたぶん、フィクションと言い換えるのがふさわしい。僕はいつのまにか、フィクションという概念を通して演劇のことを考えるようになっていた。［中略］現実とは「本当のこと」ではない。それは現時点においてはさしあたって最有力なフィクションである、というにすぎない。そしてフィクションとはただの「嘘」ではないし「つくりごと」ではない。それは、潜性的な現実なのだ。だから強いフィクションは、現実をおびやかす。現実に取って代わる可能性を、常に突き付けているからだ。（岡田 2013: 27–28）

フィクションとしての現実の場において、それへの対抗フィクションを生みうるものは何か。それこそが演劇であると岡田はいう。「演劇が現実の場においてオルタナティブな現実を生じさせるというのはすなわち、それを現象として生じさせるということにほかならない」（岡田 2018: 168）。では、岡田のいう「現象として生じさせる」とはどういうことだろうか。これについて、岡田は次のような類比で説明している。虹という現象がそれを見ている者の頭や心の中に生じているように、演劇が生む現象としてのフィクションは、観客の頭や心の中に生じる。ただし、虹が空にかかっているといえるように、現象としてのフィクションは、上演が行なわれている場に生じる（岡田 2018: 168）。これは次のように言い換えてもよいだろう。演劇は、その上演が行なわれる場において、その観客の頭と心の中に、オルタナティブな現実を虹のような現象として生じさせる。

演劇が生む虹のようなフィクションは、はかなく非力なものとは限らない。いや、むしろ、その虹のようなフィクションが観客に及ぼす効果が非力なものとならないようにすることが、演出力であると岡田は考えている。岡田は次のようにいう（岡田 2016: 6）。

今私が行っている〈演出力〉というのは、舞台上で生じる行為・出来事・状態が観客に対して引き起こす効果・現象に焦点を合わせて、それらの働きの強さを判断して、その働きをより明確で強いものにするための操作を施す技術のことで、そんなふうに俳優が行なったパフォーマンスそのものにではなくそれが引き起こす効果・現象のほうに重心を置いて見る、というのは俳優を幽霊のように見る、ということに近いと思っている。

ここで岡田が述べていることを具体的にイメージするには、二〇一〇年初演の『わたしたちは無傷な別人である』を参照するとよいかもしれない。岡田は次のように回顧している。「言葉の力を、観客に向けて直接行使するようになった。表象を舞台上にではなく観客の中に立ち上げるために、そうしたのだ。これを役者に理解してもらうために、僕はリハーサルのあいだ、スタジオの中でしきりに、〈受精〉という言葉を用いて説明した。［中略］観客の中にイメージを受精させるためにパフォーマンスをするんだ、とか、イメージが受精してからそれが膨らんで形になるまでには時間がかかるから、その時間をちゃんと与えてほしいしそのプロセスをはかってほしいとか、今のパフォーマンスは孕ませる力が弱いよとか、そんなことばかり言っていた」（岡田 2013: 62）と。俳優の中で完成されたイメージを俳優同士で示しあうのでなく、演劇を見る観客の中で、俳優の言葉と状態とがイメージとして束ねられる状態となるよう、観客と対話する。この『わたしたちは無傷な別人である』という作品では、幸せな夫婦の住まいの前に見知らぬ男が突然やって来る。そして、彼は、自分が不幸であることをこの夫婦に知らせ、それに対してこの夫婦が無関心を決め込んで身を守るようなことをしないよう、次のような発言で語りかける（岡田 2014: 20）。

見知らぬ男　わたしは、わたしが幸せではない、そのことを知ってもらいたい、わたしは、ここに立っている目的は、それだけです。だから、わたしのことを迷惑だと、あなたは、思わないようにしましょう。あなたは、わたしがこうして今、あなたの目に見える範囲にいて、わたしが、わたしはあなたのように幸せではないのですと言うことを、話すのを、ちゃんと聞きましょう。そして、もうじゅうぶんに聞いたから、もう聞きたくないというふうには、あなたは、思わないようにしましょう。

この男と夫婦との間に生じる演劇＝対話を見る観客である私たちもまた、自分と境遇の異なる見知らぬ誰かの不幸を視野の外に追い払い、無関心を決め込むことによって心の安寧（ある種の幸福）をはかりがちである。だからこそ、この男の言葉は、耳障りで、できれば視野に入ってきてほしくない幽霊の声のように生々しく私たちの心に響く強さを保つことになる。それは、前節で検討した能における、深草少将の身になることで変身が生じる対話劇を観客に見せることと同様の効果をもっているといえよう。

4 「幽霊的な実在」と触れ合う時間の想起へと観客を誘う演劇＝対話

それにしても劇場空間での演劇を、私たちの日常的な対話と同一視することには次のような根強い疑義が呈されるかもしれない。前者は、言葉やからだの示し方までつくりこまれる「つくりごと」だが、作家も演出家もいないまま営まれる後者からは、現実に対抗するほど持続的で強力なフィクションが生まれることはないのではないか、という疑義である。

しかし、はたしてそうだろうか。たとえば、前節までに紹介した演劇作品における幽霊のような実在との遭遇は、私たちの日常においてはありえないことだろうか。そうではあるまい。その証拠に、私たちは、親しい間柄でも、互いの一挙手一投足に、さまざまな心模様の到来をほのめかす痕跡を探ったり、もはや言葉を交わすことがない誰かの言葉や表情を想起して、その奥にあったかもしれない情動や思考の束を修復して聞き取ろうとしたりする。そのような本当に実在するかどうか確かめようのない幽霊のようなものは、平素は視野の外にある場合が多いが、ふとしたときに有無を言わさず私たちのもとにやってくる。(2) そのような私たちの日常を想起させ、自覚させてくれるのが、能などの演劇である。つまり、演劇は、哲学対話と同様、私たちの日常を反省するための媒介として働くのである。

たとえば、能を見る私たちは仮面をかぶって登場した女を演じる名人をみて、初めは、情念に苦しむ女人の幽霊を上手にまねているなどと思う。仮面からはみ出た顎などをみて、男が女をよく写実的にまねるものだと感心したりする。しかし、不思議なことに、物理的には不変であるはずの仮面自体が、その所作や舞のなかで、地謡の言葉や鼓や笛の声を吸いとって多彩な表情へと物語を始める。そうなると、もはや観客はたんなる物語として、演者のものまねの迫真性を他人事のように眺めてはいられない。思えば、自分にもさまざまな悲しみや嫉妬の記憶がある。それらの情念は、ふっと立ち現れてさんざん心をざわめかせたと思ったら、いつの間にか前景から消えていく。いなくなったかと思えば他の者たちを連れてまたふっと現れて、あらたな様子で心をかき乱す。考えてみれば、私たちの感情や想念が交錯する時間は、ワキを媒介としてやってきて、ワキとの交流の中でさまざまなかたちへと変化したあげくに消え去っていく幽霊のような者たちとの触れ合いという「能の構造」そのものに酷似している。能においては、シテの仮面がワキや観客の構想力をかき立て、それがシテのみならず観客の構想力を相互に触発しあい、それぞれの奥深い感情の再編が始まる。とはいえ、「シテは仮面をかぶっているのに対し、私たちは素顔で生きているではないか。したがって、しょせん能はリアリティを欠くのだ」という冷めた見方もあるかもしれない。しかし、はたしてそうだろうか。夫の不実を嘆くとき、子どもに先立たれて悲嘆に暮れるとき、私たちもまたそのような場面にふさわしい仮面をかぶって身を処しているのではないか。仮面の奥の自分の裸の心が何であるか、嫉妬や悲しみなど多様な何かの入り混じったものが何であるかは、幽霊のごとく、謎めいているのではないか。演技を見ながら、観客自身の心の奥での記憶の再構成（能に集う者がその訪れを待つもの）が起動し始めると、ワキの夢の中で展開されているはずの夢物語と、私たちが日々生きているこの現実そのものの区別が曖昧となる。能におけるよい演者とはこのような空間をつくりだす触媒あるいは発火装置の働きができる人であろう。

岡田利規の『地面と床』や『部屋に流れる時間の旅』といった作品もまた、能と同様、幽霊（のような実在）との生々しい触れ合いを観客に体感させる。『部屋に流れる時間の旅』において、登場する主要な人物は三人である。東日本大震災の四日後に喘息の発作のため突然死亡し今は幽霊として家にいる妻（帆香）、その夫（一樹）と、一樹の新しい恋人（ありさ）の三人である。帆香は震災のおかげで生まれ変わったと一樹に語りかける。それまでは他人に対して無関心であったが、他人に関心を持ち助けたいという気持ちが自然と湧く「明るい気持ち」が来て、世界の景色も違って見えるようになり、世界が好きになり、未来や希望といった言葉も真に受けられるようになったと帆香はいう。「ねえ、教えて。あれからみんながどんなふうに、お互いに助け合うようになっていったか、その、こんなふうにっていう例をたくさん。世の中がどんなふうに、あんなことが起こる前だったら想像できなかったようなすばらしいものに、変わっていったか、話して聞かせて。ねえ、聞いてる？」。帆香が一樹に向ける「ねえ、聞いてる？」という言葉は、その後、「ねえ、どうしてわたしの言っていること、聞こえていないふりしてるの？」となる。この帆香の不安げな問いが暗示しているように、一樹は、帆香と過ごしていた部屋に、ありさを招き、手を触れ合い、「僕の恋人になってください」と切り出す。「はい。でも、そうなるとしたら、ゆっくりとそうなっていきたいです」というありさの応答に、「僕もです」と返したうえで、一樹は、誰かに言い訳でもするかのように、次のような言葉を口にする（岡田 2017: 109）。

一樹　生きているあいだは、変わっていくよりほかないです。生きている以上、状況はいろいろ変わるのだから、それに自分も合わせていくしかないです。そうすることの足かせに、過去がなっているとき、そこから自由になりたいと思って、でも、自分ひとりの力だけでは、そうなることができなくて、だから、誰かの力を借りたいんです。助けてください。

これに対して、ありさは「わたしにできることなら、何でもします。ありますか?」と応じ、一樹は、「僕はあなたと、現在のことを話していたいです。そのときそのときの現在のことを。現在のことだけ。僕も、あなたのためにできることがあったら、何でもします。なにがありますか?」と返し、ありさは「わたしに対して、やさしくしてほしいです」と応じる。二人の会話を見る観客は、部屋に流れる時間を現在だけに限定することで、過去から自由になりたいと考えている一樹と、それを助ける自分にもやさしくしてほしいと考えるありさの前途に危うげな予感を禁じ得ない。帆香の発言がすべて、一樹と共に過ごした過去の描写を一樹と共有するために一樹に向けて語られていたことを考えると、この舞台における帆香の実在とその声は、一樹自身の構想力の産物なのかもしれない。一樹がその声を振り払おうとして誰かに助けを求めたところで、完全に遮断することはできないだろうと観客は予感する。その予感を支持するかのように、帆香は次のように言う（岡田 2017: 110）。

帆香　ねえ、いくら目をつむったとしても、わたしのことは見えなくならなくて、あなたには、わたしのことが見えていない振りしかできない。
だってあなたはわたしのことを目で見ているわけではないから。
だから、そこを閉じたらわたしのことが見えなくなる、そういう場所、そういう部位がどこかにないか、いっしょうけんめい探している。そうでしょ?

でもそんなところは、見つからない。

震災直後、人びとが互いに助け合い協調して希望に進もうとする予感とともに明るく生まれ変わった帆香は、突然訪れた死のせいで、自らの予感がどの程度実現したかを知らない。それを知らないことで、彼女はそれ以上生まれ変わらずにいられる。一方の一樹は、現在のことだけを語り合える誰かとの時間に自らの生を限定することで、過去から自由になり、生まれ変わろうと企てる。文字通り、「知らぬが仏」で明るいまま死んでいった帆香に倣って、自らの人生に流れる時間と聞きとる声を限定する企てといってよいだろう。この劇を見る観客は、それが危うい企てであることを知りつつも、自分にも身に覚えのある企てとして自分の過去を想起し、一樹の企てる生き方との比較を試みるのではないだろうか。実際、この演劇の中でシテ役は、帆香の声を聞きとってしまう一樹であり、一樹と自分とを重ねるよう観客に働きかけるワキ役は、ありさとなっている。その証拠に、ありさは、劇の前半で、ありさを演じる女優のモノローグという体裁をとっているものの、観客に向けて次のように語っている（岡田 2017: 92）。

ありさ　たくさんの、ここには聞こえてこない音があります。このなかで過ごすときは静かに過ごせるように
　と壁で遮られてここまで届いてこない音が。
　ほら。あるでしょ？　今聞こえてこない音が。

演劇と哲学対話がもたらす効果をここに見ることができる。どちらも、そのなかにいれば静かに過ごせる壁の外から聞こえてくる声を想起させ、つかの間の安定のために壁の外に出ないでいることとの危うさと、壁の外に出て、平素遮断している周縁の声との触れ合いのなかで言葉を探り、自身の過去とのつながりかたや今後の生き方を探るこ

との危うさの両方を想起させる。演劇や哲学対話は、それを見る者、聞く者に、「生きていくために、あなたはこれらの危うさとどう折り合いをつけるか」と暗に問いかけながら、私たち自身が日常を異化し、人生の舞台で想起すべきことを探る旅を続けるよう促す媒介として作用するのである。

おわりに――哲学と非哲学の境界上で対話を企て続けるための誇りと懐疑

演劇や哲学対話など、私たちの日常を異化する効果をもつ対話は、誤解、対立、論争を免れない。たとえば、カリクレスのような思想がソクラテスの言説によって永遠に滅びてしまうことはない。何かしらの決着がついたように見える状況が一時的に支配的になったとしても、その顛末を見て触発された観客が場面を引き継ぎ、問題の所在、連関、問題へのアプローチ方法などをめぐる新たな反抗と挑戦を企て、多様な言語や表現を継承し、さらに付け足していく。継承され付け足された言葉や表現の組合せを通して、それまで隷従していた「現実」に取って代わる新たなフィクションとそのイメージが、その演劇＝対話に（演者として、そして観客や聴衆として）参加したさまざまな人びとに受精し、さらなるフィクションとイメージの構想とその表現へと人びとを誘う。

この文脈でスタンリー・カヴェルが「狂気の子ども」と呼ぶ、ウィトゲンシュタインの『哲学探究』に繰り返し登場する子どもの境遇に言及することは、意味のあることだろう。カヴェルによれば、この子どもは、「大人たちのあいだを動きまわり、何とか言葉という謎を解き明かそうと孤独な努力をしている」ものの、誰からも理解されない、いわば狂気と背中合わせの孤立状態を強いられている（カヴェル 2008: 47）。このような境遇は子どもだけにかぎったことではあるまい。映画『ガス燈』におけるポーラや、悲劇『リア王』におけるコーディリアのように、周囲の無理解、無関心、決めつけにより、自分が誰で何をしたいのかを理解したり表現したりする手段をもたないまま、paralysisに立ち至り、そこから抜け出すための手段を求めて孤独にさまよう人は数多い。カヴェルによれば、子どもは「年長者から言語を盗まざるを得ない立場」にある。本来の自分に生まれ変わることを祝福される権利を奪取し、周囲の年長者たちの言語を翻訳するための「絶対音感」のようなものを見出し、「私が思考する世界」を話すことができるようになることだけでなく、尊大にも「言葉の源泉を自己の中に探し求めるような自伝」を書くことに挑んだり、そのようにして円熟した経験が書かれた書物を慎重に読むといった経験を重ねていく必要がある。こうして「書くことと話すことのあいだの絶えざる闘争」から哲学は生まれてくるとカヴェルは言う（カヴェル 2008: 68-76）。私たちは自分の経験を「私たち」の名のもとで語る尊大な企て（この論考がその一例であるように）に乗り出す手段を相続するために、他者の発する声を聞き、円熟した経験を語る書き言葉を慎重に読みながら、自らを生まれ変わらせる。自分の経験を語る言葉の源泉を自分の中に探し求めるという必死さと尊大さの同居するこのプロセスにおいて、「誇り」と「懐疑」、「声」と「読み」といった異種混合の経験を通じてハーモニーと言葉を探る作業。そのような作業を通じて生まれた演劇や哲学対話が、それを観たり聞いたりする人びとに同様の作業を促し、人びとを変容させる。その際、「誇り」にのみ偏すると驕慢な井の中の蛙、縦の笑いしか知らない孤独な冷笑家・皮肉屋となり、懐疑にばかり偏すると何も信じられない寄る辺なき狂気に沈んでしまう。声にだけ耳を澄まし読みを疎かにすると繊細な経験を語ることで他者を触発する詩的言語を相続しそこね、かといって読みばかりに専心すると、心でその実在を繊細に感じとった何かとの邂逅の機会を失ってしまう。

これに対して、対話の可能性を拓くために要請されるものは、以上のような作業全てである。つまり、私たちが日常の中で遮断しがちなものや周縁部に追いやりがちなものとの別様のつながり方を探りつつ、「人間」という謎めいた者たちのあいだで変身していく際に手がかりとなるハーモニーと言葉を探りあうプロセスを持続する作業こそが要請される。したがって、対話の持続と拡大を促す要件は、自他を「裸の人間」として表現し合い、理解し合っているを他者に信じ込ませるための合理的なスキルに習熟することではない。かえってそのようなスキルを身につけた者が、自らの言葉を過信し、尊大さの下で縦の笑いに自足するとき、他なる言葉への冷笑、皮肉、無関心に沈み、対話は消失してしまうからである。他なる言説を手がかりとして、その言葉を発する何者かの身になり、その実在に寄り添う際に得られる横の笑いのもとでの経験を描く言葉を相続すること。そして、その言葉に触発されて、自分が居合わせる世界とそこに生きる人びとの実相を描く言葉とその組み合わせを探る尊大な試みに乗り出し、その試みと成果に一定の誇りと懐疑を保ち、他なる言葉に耳を澄ますこと。このようなプロセスを通じて誇りと懐疑の対位法を紡ぐことで、対話の可能性が拓かれる。

対話へと誘うテーマと言葉は、哲学的な概念や議論だけでなく、演劇、文学、歴史書など非哲学的な分野にも幅広く存在する。したがって、自分や世界というその全体が見通せない迷宮の中にあって、哲学と非哲学との境界上で、多様な声や書き言葉との触れ合いを手がかりとして、特権的な声やものの見方を疑い、相対化し、さまざまな言葉やイメージとのつながりかたを再構成し続ける作業こそ、対話の本領と言ってもよいだろう[3]。互いに触発し合う誇りと懐疑の対位法を探る生き方に関わるこのような作業を、「コミュニケーション力」という名称で一括し、それを高めるスキルについて教えると称する各種の言説が、対話の本性や可能性を考えるきっかけや方便でありえるかもしれない。しかし、その方便によって、対話の貧困化と消失へと人びとを誘ってしまう愚を犯さないよう留意すべきだろう。

注

（1）ここでparalysisという言葉をあえて用いているのは、ジェイムズ・ジョイスの著書『ダブリナーズ』で描かれた人々の精神的兆候に注意を喚起するためである。ジョイスは、一九〇六年の手紙の中で、『ダブリナーズ』を通してアイルランドの精神史(moral history)の一章を書こうとしたことと、そのためにダブリンを選んだのは、ダブリンが「精神的麻痺の中心地(the centre of paralysis)」に思えたからと述べている。Letters of James Joyce, vol. II. ed. Richard Ellmann: Faber. 1966, p. 134.

(2) この種の声は多岐に及ぶが、自分自身に向けて倫理的な判断を下す際に無視しがたい声で語りかけてくることがある。たとえば、アウシュヴィッツ収容所から生還した後、証言者としての務めを果たそうとしたプリーモ・レーヴィは、『溺れるものと救われるもの』のなかで、「おまえよりももっと生きるに値する者に取って代わっていないか」という仮定を耳障りにも語りかけて、恥辱感を与え、心を蝕む内的体験を証言している。プリーモ・レーヴィ『溺れるものと救われるもの』朝日新聞社、二〇〇〇年、九〇頁。

(3) 臨床実践としてのオープンダイアローグには、本章で述べた対話の本性・可能性と類似の「思想的な展開可能性」があることを松本卓也は次のように指摘している。「おそらくオープンダイアローグは、「内なる声」が超越的な権威として作用しないようにするために水平方向のダイアローグを用いている。垂直方向の声に耳を傾けることが、水平方向のダイアローグによって支えられた状況のなかで行われることによって、垂直方向を過剰に権威化させることなく、個人における変容を引き起こすことが可能になるのである。」松本卓也「水平方向の精神病理学に向けて」『ａｔプラス 30 特集 臨床と人文知』太田出版、二〇一六年、四八頁。

引用文献

天野文雄『能楽名作選 上 原文・現代語訳』角川書店、二〇一七年。

岡田利規『遡行 変形していくための演劇論』河出書房新社、二〇一三年。

岡田利規『現在地』河出書房新社、二〇一四年。

岡田利規「幽霊の生は大事な問題だ No ghost, no theatre.」『ｖｉｅｗｐｏｉｎｔ』第77号、公益財団法人セゾン文化財団ニュースレター、二〇一六年。

岡田利規『三月の五日間［リクリエイテッド版］』白水社、二〇一七年。

岡田利規「〈映像演劇〉宣言」『新潮』二〇一八年六月号、新潮社、二〇一八年。

スタンリー・カヴェル『哲学の〈声〉デリダのオースティン批判論駁』春秋社、二〇〇八年。

河野哲也『じぶんで考えじぶんで話せるこどもを育てる哲学レッスン』河出書房新社、二〇一八年。

戸田山和久『哲学入門』ちくま新書、二〇一四年。

三島由紀夫『近代能楽集』新潮文庫、二〇一七年。

第三章　「賭け」からモノローグを積み重ねるコミュニケーションへ

――『君の名は。』において、三葉の〈破局の警告〉がなぜ父親を動かしたのかに着目して

渡辺哲男

はじめに

Twitterのもととなったtweetというのは、「鳥のさえずり」という意味である。限られた文字数で、多くの場合は、不特定多数に向かって「さえずる」。その短い文言になにがしかの触発を受けた人々は、リツイートなり、フォローしていなかったらその人をフォローするなりし、あるいは、何か感じるところがあっても特に反応せず黙殺することになる。相手のいっていることを聞かずに、あるいは自分のいうことを聞いている他者のことなど考えずに、ただ自分のメッセージを発信するという、いまどきの「コミュニケーション」の状況。これについて大澤聡は「私たちの日常はすでにこうして〝対話ならぬ対話〟の原理に満たされかけている」（大澤 2018: 217）という。

また、大澤は、ジョン・ダーラム・ピーターズというアメリカのメディア研究者による、一九九九年の時点での、今日的状況を予言するかのようなコミュニケーション観を紹介している。これによると、ピーターズは、「コミュニケーションはモノローグの重ね合わせ以外でありうるだろうか?」と、遠隔現象的で一斉送信的なモデルでコミュニケーションを捉えており、大澤は、「二〇一〇年代のメディア環境においては、現実がいっそうこの理論の正当性を補強している」（大澤 2018: 217）と述べている。

このように、メディア環境の大きな変化によって、私たち人間のコミュニケーションそのもののありようも、大きく変わりつつある（あるいは、もう変わってしまった）という論に、異議を申し立てる人はあまりいないだろう。ただし、この状況に私たちがいかように対峙していくかということについては、多様な見解があるのではなかろうか。一つには、かような、他者不在（というか無視）のコミュニケーションを何かの力によって変えていこうと主張し、そうした対策を考えることだろう。そして、もう一つ、そうした今日的状況をひとまず受け入れたうえで、この状況を前向きに捉え直そうとすることも、考えられよう。筆者の立場は、どちらかというと後者である。今日のメディア環境が、モノローグの積み重ねでしかコミュニケーションが成立しえないというのなら、そのことを受け入れつつ、コミュニケーションをいかように起ち上げるべきなのかを考えていきたい。

恐らく、学校現場では、筆者の立場とは対照的に、相手のことを考えて話そう（書こう）という文言が溢れていて、（やがては）わかりあえる（伝えたいと思ったことが伝わる）と措定された相手がまずあると前提されているように思われる。だからこそ、教室において、石黒広昭がいうような、教師が無意識的に自分の都合のよいことを学習者にいわせてしまっている「共謀」も起こっているのだろう（石黒 2016）。そうしたなか、人に伝わりやすいように筋道を立てて話したり、書いたりするというような論理的思考、あるいはプログラミング的思考を育てることに注目が集まっているのである。

では、いつかはわかりあえるものだ、と前提しながらコミュニケーションをとることは、本当に私たちの生活において有効なものたりうるのであろうか。そのことを問うために、本章でケースとしてとりあげることになる、二〇一六年に公開され、大きな話題となった新海誠監督の映画『君の名は。』の一場面を、まずはとりあげてみよう。詳しいストーリーは省略するが、『君の名は。』では、主人公である三葉が町長である父親を説得する場面が二カ所登場する。一つは、もう一人の主人公である瀧が、三葉と入れ替わった状態（外見は三葉だが、意識は瀧）で糸守町の町長である父親に会いに行き、彗星の破片が落下することを知らせようとする場面。もう一つは、物語の後半で三葉（外見も意識も）が、町民を避難させようと、再び父親に対峙する場面である。

最初の意識が瀧の三葉は、父親の説得に失敗し、後半の三葉による説得では、父子の間でどのような遣り取りがあったのかは描かれていないが、この説得を父親が受け入れ、ただちに父親のリーダーシップによって町民が避難し、糸守町民は彗星落下の被害を受けずに済んだことが新聞記事などを通してわかるようになっている。なぜ、三葉の説得は最初は失敗し、後半では成功したのか。それは、意識が瀧であるか三葉であるかという違いによるものだけだといえるのか。あらかじめ仮説を提示しておくと、意識が瀧の三葉は、父親とわかりあえることが前提としたコミュニケーションを試みたがゆえに失敗し、後半の三葉は、父親にわかってもらおうという前提をそもそも捨てた状態で、相手は目の前にいるにせよ、ある種のモノローグ的な言葉が発せられ、だからこそ、父親を動かすことが可能になったのではないか、ということである。

本章では、以上のような見立ての有効性を明らかにするために、今日の対照的な二つのコミュニケーション観が双方登場するケースとして『君の名は。』を捉え、なぜ、後半の三葉の説得が父親に通じたのかを考察することによって、先述した、モノローグの積み重ねという、新しいコミュニケーションの可能性を論じてみたい。モノローグというコトバからは、「他者不在」ということが想起されるし、「相手のことを考えない」というのは、学校教育の「常識」からは逸脱したことを論じることになるであろう。けれども、「相手のことを考えた」揚げ句に、何もメッセージを発しない（そして、その沈黙も「喋りたくなければ、黙っていていいんだよ」と許容される）という、もう一つの学校現場の光景も目に浮かぶ。それでよいのであろうか。「沈黙」はまことに価値のある振る舞いであるといえるのか。このことに対して筆者は、沈黙よりは、相手にいっていることが了解されないかもしれないとわかっていても、まずは一言発してみることに価値があるのだという、異議申し立てを行いたい。そして、本章では、一言発するための「賭け」という営為を手がかりをしながら、さらには、この、発せられた一言こそが、「詩人的な言葉」となることを、論じることにしたい。

なお、なぜ三葉が父親を説得できたのか、という問いに固有の応答をした先行論として、宗教学者の中村圭志による論稿がある（中村 2018）。中村の論稿の中心は、遠い災害たる三人称の死が、組紐（ムスビ）の霊力によって、かけがえのない者の死たる二人称の死へ、位相のずれをもたらしたのだということなのだが、本論を終えた後の短い追記的な文章において、「三葉が町長の父を納得させることができたのは、一葉（祖母）もおそらく二葉（母）も身体入れ替わりの体験をしており（宮水家の血筋?）、父が事態を呑み込んだことによる。その父の威信が町民を動かしたのである」（中村 2018: 379、括弧内原著）と述べ、本章と重なる問いに応答している。しかしながら、これでは、「身体入れ替わりの体験」をしていることが、なぜ「事態を呑み込」む要因となったのかが読み取れない。そもそも、宮水家の女性たちの神がかった力に彼は嫌悪感を示していたはずだ（作中の「宮水家の血筋か……。」という箇所など）。本章が中村の欠落を補うかたちで問いたいのは、父親が町民を動かす前に、なぜ父が「事態を呑み込」んだのか？ということである。[1] この問題を、作品で描かれなかった、父親に対峙した三葉の言葉に焦点を当てて考えてみたい。

補足的に述べておくと、本章の考察は、『君の名は。』はこういう話でした、あるいは、作品の空白はこのように埋められる、ということを主張するのが目的ではない。筆者としては、以下において、本作に関する見立てをしていくことになるが、その見立ての正しさをいいたいのではなく、そう見立ててみると、どういった問題が見えてくるか、ということを論じたいのである。

1　瀧による最初の〈破局の警告〉の失敗

それでは、三葉の父親が三葉の〈破局の警告〉を受け入れたという、本作ではあえて描かれていない部分の穴を埋める作業を進めてみたい。具体的には、なぜ三葉が、町長である父親に対して〈破局の警告〉ができたのかということと、父親と対面したときに三葉がどのような言葉をかけたのかの二つに分けて考えてみることにしたい。そのためには、冒頭に述べたように、最初、意識が瀧の三葉による〈破局の警告〉が、事実上失敗していることと対比的に考える必要があるだろう。なぜ瀧が失敗したにも拘わらず、その後三葉は成功したのか、ということである。こうした考察によって、三葉がどのようにコミュニケーションを起ち上げたのか、という問題に応えることになるであろう。

それでは第一の問いに関する考察に入ろう。本作では、最初に、意識が瀧の三葉が、糸守町に彗星の破片が落下することを、町長である父親に知らせに行く。だが、母二葉の死後、宮水家を出て政治の世界に身を投じたことで、一家の女たちとは疎遠になっていたこともあり、父親は「分厚い段ボールにハサミを入れるようなざらついた重い声」（小説版：172）で、「なにを言ってるんだ?.お前は?」と応じて三葉を受け入れようとはしない。さらには「本気で言っているなら、お前は病気だ」と実の子にいうのである。

こうした父親の反応は、こうした、未来を予見する「特殊能力」を発揮することのある宮水家の女に対する嫌悪感(2)が存在するように思われるが、その嫌悪感は、宮水家唯一の男でその能力をもたない父親が、宮水家で疎外感のようなものを感じていたことによるのかもしれない。最後に父親は三葉を車で病院に連れて行こうと受話器を取るのだが、そのとき、三葉（瀧）は、娘を病人扱いする父親に我慢できなくなり、「バカにしやがって！」と、父の胸ぐらを掴んでしまうのである。

この、瀧の失敗の原因を考えるために、こうして父親に拒絶された瀧の怒りの背景を探ってみよう。本作には、瀧の家の様子も登場する。理由は描かれないが、瀧の家は父子家庭である。作品の前半に描かれる、朝の父子の遣り取りをみていると、父子関係は良好であることがわかる。つまり、瀧にとって「父親」というのは脅威、あるいは近づきがたい存在ではない。したがって、この父子は、概ね「わかりあえる」という前提でコミュニケーションをとっているのだといえる。

その瀧が、他人の父親であるとはいえ、「父親」に自らのメッセージがまったく受け入れられなかったというのは、「彗星の破片が落ちる」という、一見とんでもないことをいっているとはいえ、自分の父親との良好な関係を踏まえれば、戸惑いを禁じ得ない反応だったはずである。さらには、わが子を「病人」扱いする父親、というのも、彼にはにわかに信じがたいものであったに相違ない。普段は暴力的な振る舞いをしない、穏やかな青年として描かれ、最初は理性的に説得を試みていた瀧が、三葉の父の胸ぐらを掴んでしまうというのは、こうした、瀧自身の父親と目の前の三葉の父親との大きな落差がもたらしたものであったとも考えられる。いずれにせよ、この段階では、最初の、意識が瀧の三葉の〈破局の警告〉の失敗の原因は、瀧の親しんできた、わかりあえる相手が前提とされたコミュニケーションが、ここでは通用しなかったからだと考えることもできるだろう。

さらに、小説版には、その後の経過が以下のように示されている。

手を、ゆるめた。ゆっくりと、町長の顔が離れていく。驚きか困惑か、宮水町長はかすかに震える口を開けたままで、俺たちは互いの目から視線を外せない。俺の全身の毛穴が、嫌な汗で開いていく。

「……三葉」

空気を絞り出すように、町長が口を開いた。

「……いや……お前は、誰だ?」

震えて発せられたその言葉は、風に乗って入ってしまった羽虫のように、いつまでも嫌な感覚とともに耳の中に残った。(小説版:174)

この後、二人の間に何があったかは映画でも小説でも描かれていない。映画では、父親の説得に失敗してとぼとぼ歩く三葉が描かれるだけである。だが、興味深いことに、三葉の〈破局の警告〉に対しては、三葉を「異常」視したにもかかわらず、外見が三葉でありながら、中身は違う人物なのでは、という疑いが生じた、一般的には信じがたい状況を、父親は「異常」とは思わなかったのである。だからこそ、三葉は普通に町長室を出られたわけである。

にわかに受け入れがたい状況であるはずが、父親はそうは思わなかったのはなぜだろうか。横田正夫は、作中で、三葉の祖母にも母にも類似した状況が存在したことが示唆されており、父親にはこうした状況に既視感があったことから、「異常を異常として捉える感度が作中において鈍くなっていることを示している」(横田 2017: 105)と述べている。後述するが、この、父親における、異常を異常として捉える感度の鈍さは、後半、三葉の〈破局の警告〉を受け入れる素地ともなっているように思われる。

2 二度目の〈破局の警告〉はなぜ通じたのか?

その後、物語後半で、黄昏時の三葉と瀧の対面を経て、一度彗星の破片が街に落下したことで死んだはずの三葉の意識が自身の身体に戻り、心身ともに三葉となって、再び父親を説得に行く。町長室には祖母の一葉と妹の四葉もいて、三葉を見た父親は「お前まで、また……」というのだが、先ほどの三葉とは明らかに異なると認識した彼の表情がみてとれる(3)。お前「まで」という言葉から、三葉が再び町長室を訪れる以前に、一葉や四葉が父親を説得していたとも解釈できるが、この場面の後、町民は町を挙げての避難訓練を実施していて全員高校に避難して助かったという、ニュースや新聞記事、町長がリーダーシップをとって強権発動的に住民を避難させたことに対する賛否がメディアで報道されたことが描かれている。先述の通り、具体的にどのように三葉の〈破局の警告〉が、父親に通じたのかは、作品では描かれないままとなっている。

とはいえ、三葉が、最初の瀧のように、わかりあうことを前提としたコミュニケーションに参入し、なおかつ、「わかりやすい」言葉で、理性的に父親を説得したかといわれれば、恐らくそうではあるまい。最初の瀧の失敗と対比的に考えたとき、そこには、冒頭に述べた、三葉の「賭け」があったのではないかと思われるのである。

まずは、この「賭け」というコトバに注目してみよう。哲学者の檜垣立哉は、「賭け」をテーマにした著作において、次のように述べている。

> 賭けることには、一方では未来を予測する正確さの測定精度をあげることが含まれていると同時に、他方では未来を予測することの不可能性そのものが織り込まれている。つまり一方では、リスク計算をぎりぎりまで推し進めることが賭博者にとっての義務に近いが、実際には何が起こるか分からないことそのものが肯定されている。予想には限界が入り込んでいる。そうした肯定が、賭けることにも、あるいは賭けという自体において浮き上がってくる「現在という時間性」そのものにも含意されている。（檜垣 2008: 51-52）

この引用から、この後の檜垣の考察において、「賭け」ということが「時間」の問題と関わっていくことが読み取れる。賭けるということには、ギャンブルでいえば、「当たって欲しい」と思いながらも、同時に「当たるわけがない」という「諦め」が織り込み済みなのである。檜垣は、さらに、「賭け」というのは、そうした、簡単には自分の予想（期待）したとおりの未来にはならない（どうなるかはわからない）ということを肯定して生きていかざるを得ない、人間という存在の無責任性を浮き彫りにしているのだという（檜垣 2008: 63）。すなわち「賭けは、有限なわれわれが無限な時間を前にして、現在という場所に立つときに、誰もがすでに行っていることなのである」（檜垣 2008: 66）ということだ。

そうした不定性のある「今」を生きるからこそ、ギャンブルをしていて予想が当たると、私たちは「驚く」。檜垣は、九鬼周造の『偶然性の問題』（九鬼 2012［1935］）のなかの「離接的偶然」やドゥルーズに依拠しながら、今を生きるということは「出来事として何かが生じる驚きの現場」（檜垣 2008: 94）なのだと述べ、また、このことを「今」を越えた「永遠性」の観点から見れば、どうにもならなかった「諦め」として現出するのだから、「運命」は、「甘受」するべきものになると述べている。すなわち、私たちは、驚異と諦めの二重性を生きているのである。

そうであるならば、私たちが「賭け」られるかどうかは、思った通りの未来になってほしいという希望と、そうならかったときの「諦め」のバランスが均衡しているかどうかにかかっている。仮に「諦め」の度合いが強ければ、「どうせ無理」と思って「賭け」ない。三葉は、作品の前半では、町長選に向けて街中で演説する父親から「もっと胸張って歩かんか！」と怒られるほど、自分に自信のない人物として描かれている。その背景には、彼女が神社の娘であり、周囲の人々とは少し変わった風習のなかに生きている（米噛み酒の儀式など）ゆえであることが示唆されている。冒頭で描かれたような、自分に自信のもてない三葉では、恐らく父親を説得しようとは思えなかっただろうし、現実に説得は失敗していただろう。しかし二度目の説得の場面では、三葉は堂々と、というより、ズカズカと父親に歩み寄って説得しようとしている。

このような、三葉の変化をもたらしたものは、何だったのか。この答えを、ここでは、三葉による、瀧の「賭け」の継承だと考えてみたい。瀧が再び三葉との入れ替わりを望んだとき、彼は、「聖地」のような場所の洞窟に置かれていた、三葉の口噛み酒を飲む。口噛み酒を飲んだからといって再び三葉と入れ替われる保証はまったくない状況で、である。まさに瀧は、この状況で「賭け」たのである。

口噛み酒を飲んだ瀧は、そこで転倒し、組紐が流れるイメージのなかで（先の中村圭志の言葉を借りれば、ムスビの霊力によって）三葉のたどってきた歴史を知り、三葉本人よりも前に、今ここに三葉が存在するという運命に「驚異」したのである。この場面は、小説版では次のように描かれている。

俺はふと思う。これは、宮水家に受け継がれてきた役割なのかも知れない。千二百年ごとに訪れる厄災。それを回避するために、数年先を生きる人間と夢を通じて交信する能力。巫女の役割。宮水の血筋にいつしか備わった、世代を超えて受け継がれた警告システム。

「もしかしたら、宮水の人たちのその夢は、ぜんぶ今日のためにあったのかもしれない！」（小説版：158）

皮肉にも、三葉本人ではなく、三葉と入れ替わった瀧が、先んじて、三葉がこの世界に今生きていることの「驚異」と、「諦め」（宮水家という血筋に自分が育ったということ）を知るのである。三葉本人ではないにも拘わらず、三葉が「今、ここに」いる運命を知ることによって瀧は、父親を説得に行くことを決意するのである。

このプロセスと黄昏時の再会による再度の入れ替わり（お互いの意識が元の身体に戻る）を経て、三葉は再び父親のもとに向かうのだが、そのとき三葉は次のようにいう。

私は恋をしている。私たちは恋をしている。

だから私たちは、ぜったいにまた出逢う。

だから生きる。

私は生き抜く。

たとえなにが起きても、たとえ星が落ちたって、私は生きる。（小説版：228–229）(4)

三葉はこの時点で、隕石が実際に糸守に落下する経験をしているので、一度死んでいる。ファンタジーでしかあり得ない話だが、〈破局〉を実際に経験したからこそ、これからやってくる〈破局〉は、彼女にとってはきわめてリアルなものとなり、「生き抜いて、再び瀧と出逢う」という強い思いも相俟って、つまり、自身が「今、ここに」生きている意味を（瀧を通して）自覚し、さらに、瀧の「賭け」を2度の入れ替わりを経ることで引き継いだことが、二度目の父親の説得における「賭け」を、可能にしたと考えることができるだろう。

ここで、近年展開されている〈破局〉論に目を向けておこう。東日本大震災とそれに伴う原発事故の後、ジャン＝ピエール・デュピュイのカタストロフ論が改めて見直され、著作も多く刊行されている。『君の名は。』、『シン・ゴジラ』を、震災や破局論と結びつけて論じる先行論は多く存在するし（切通 2017etc.）、デュピュイの思想に接続して論じるものもある(5)（藤田 2017etc.）。デュピュイの翻訳に取り組んでいる西谷修は、デュピュイの思想を以下のように要約している。

デュピュイは、「破局」が避けがたいということを「知る」だけでなく「信じさせる」ために、時間意識を変えることを提案するのです。つまり予測を確信として機能させるような仕組みを。それが、最近の著作で何度も繰り返されている『賢明な破局論』、つまり未来の一点から逆照射して現在の姿勢を正す、そういう時間のループを「投企の時間」として提案しています。（西谷 2015: 30）

このように、デュピュイのカタストロフ論は、避けがたい〈破局〉を（実際に到来していないので極めて困難だが）信じることで、現在の私たちの襟を正すというものである。西谷は、「知る」ことと「信じる」ことを分かち、ただ「知る」だけでは実効的な認識にはならず、未来の認識に確実性がもたせられないという。

また、デュピュイが自身のカタストロフ論を展開するにあたり参照したのは、ユダヤ系哲学者のギュンター・アンダースである。山名（2017）によれば、アンダースは、戦後の広島が広島平和記念公園などによって、原爆によって創り出された廃墟が隠蔽され、後世の人々にその廃墟が見えなくなってしまっている状況を批判し、それを「破壊の破壊」と呼んだ。すなわちアンダースは、〈破局〉のすがたを隠すのではなく、私たちが見ることができるようにしておかないと、一度迎えた〈破局〉を忘却し、再び同じ過ちを繰り返すと警告するのである。

以上のカタストロフ論の重要な点は、私たちは現実的には避けがたい未来の〈破局〉を信じることができないので、〈破局〉を迎えてしまうのだが、それをいかに、リアルなものとして「信じさせる」か、ということである。『君の名は。』では、実際に三葉が〈破局〉を経験しながら、甦るという奇跡が起きているので、〈破局〉を実践的に認識した人間として出現する。また、檜垣立哉の言葉を借りると、三葉は、永遠性のもとで、いま起きた出来事に「驚き」、「自らが特異点であることを担い、自己であることを形成」（檜垣 2007: 116）したのである。すなわち、三葉は、「今、ここ」において、自分だけが、〈破局〉を回避できる「特異点」だと自覚できたのである（自らの運命を受容した）。

3　三葉が父親を説得した言葉――政治哲学者・オークショットの所論に着目して

では、第二の問いである、三葉が父親をどのような言葉で説得したのか、を考えてみよう。ここでは、「賭け」

と詩の言葉を接続して論じた政治哲学者である、マイケル・オークショット（Michael Joseph Oakeshott, 1901–1990）の所論をてがかりにしてみたい。具体的には、彼の主著『政治における合理主義』に収められた「人類の会話における詩の言葉」を参照する。

最初に、オークショットの簡単な紹介をしておこう。彼は、リチャード・ローティが『哲学と自然の鏡』（ローティ 1993）などでとりあげて、その「会話」論を高く評価したことで注目された。ローティは、会話は合意形成のためにするのではなく、あくまでその継続のためになされるという。仮に合意形成がなされるとしてもそれは「偶然」であって、合意形成自体を目的としては位置づけられないというのである。かような「会話」のありようを、ローティはオークショットから導入している[6]。

そして、オークショットを読む上で重要なキー概念となるのが「偶然性」である。オークショット研究者である中金聡は――彼の偶然性は、先述した九鬼周造の「離接的偶然」に近いと述べているのだが（中金 2008: 80）――、いま自分がこの時代にこの両親の間に生まれたという「運命」を「わがもの」とするというローティの議論を参照しつつ、オークショットもまた、「この保守主義者は、社会をたまたまわれわれが乗り合わせてしまった船のようなものだと考えるのである」（中金 2008: 63）と評している。

オークショットにおける共同体というのは、新たに参入する私たちにとっては、有無をいわさず入らざるを得ない所与のものであり、ひとまずは、その共同体の習慣などを無条件に受け入れなければ、不可避に参入せざるを得ない共同体で生きていくことはできない。オークショットは、この所与の偶然性を受け入れよというのである（中金 2008: 64-65）。さらには、こうした人間の生そのものはギャンブル的であり、笑いと共に肯定できるのが、保守的気質の持ち主だというのである。すなわち、社会を革新しようというのではなく、生まれ出でた社会のルールをひとまず受容し、手入れしながらも原則は秩序の安定が第一だと考える点で、「保守主義」なのである。

したがって、オークショットは、あるコミュニティに参入して言葉を交わすのも、多様な考えを有する人々が偶然に集まったものであり、ここで発せられる言葉には、「賭け」が伴われることになるという。以下の引用は、「人類の会話における詩の言葉」の一節である。

会話は決して、外的な利益を生み出そうとする企てではないし、賞をめぐって勝ち負けを争う競技でもなく、また経典の講釈でもない。会話は、ぶっつけ本番の知的冒険なのである。会話とギャンブルは、勝敗に意味があるのではなく、賭けること自体に意味があるのであるという点で重なり合う。適切にいうなら、人間の発する言葉の多様性がなければ会話は不可能である。すなわち、その多様性の中で色々な議論の空間に出会い、互いに認め合い、相互に同化することを要求も予測もされないような、曖昧な関係を享受することになる。（Oakeshott 1991: 490）

オークショットは、従来の哲学が基礎づけ主義（foundationalism）にもとづき、共約可能性を求めて、異質なものを単一なものに還元してきたことを批判する。それに対して、一つに還元せず、他者の言葉を受け入れ、新しい語彙の創造に向かう「詩的活動」を重視したのである。単一の声にまとめるための「議論」ではなく、異なるイディオムをもつ人々が「会話」をなし、そのなかで、「種を異にする思考が互いの動きに呼応したり、新しい刺激を互いに喚起したりしながら互いのまわりを通り過ぎていく」（Oakeshott 1991: 489）のである。

では、オークショットにおける「詩的活動」とは、いかなる内実をもつものであろうか。中金は、「詩的活動」は、「実践的活動」の欲望や「科学的活動」の探究とは区別される「観照すること」（contemplating）あるいは「悦ぶこと」（delighting）という活動のイディオムによって特徴づけられる想像作用である」（中金 1995: 178）と述べている。この「観照」によって、私たちはある種のイメージを創るのである。これは、プラトン的な何かの副次的なコピーという意味でのイメージとは異なる。

観照におけるイメージは、単に存在しているだけである。何らかの憶測を喚起することもなければ、それらが現れる状況や条件についての探究を引き起こすこともない。ただそれらが現れたことによる悦びを喚起するのである。それらは、何も前提や帰結をもたない。それらは他の何かのイメージがそれに後続するべき原因とか、条件とか、きざしとして捉えられないし、それ以前に起こったことが生み出したものとかその影響として捉えられることもない。（Oakeshott 1991: 509–510）

この引用のように、詩的活動というのは、かように、固有のイメージを創り、楽しみ、また新たなイメージを創ることなのである。そこには、他者と何かを遣り取りしようなどという、旧来的な「コミュニケーション」としての言語活動の側面は存在しない。いいかえれば、「詩人は、少女が花束を作る時、それらの花が互いにどう見えるかということしか考えないのと同じようにイメージを配置する」（Oakeshott 1991: 517）ということになる。詩的発話は、何かの経験を別の形で表現するのではない。それ自体が経験なのである（Oakeshott 1991=2013: 279）。

こうした詩的な発話が行われる場として「会話」を捉えようとするのは、この会話の場に参加しようとしている人々は、それぞれ固有のイメージを創っている者たちであり、ゆえに、そもそもイメージが共有できないし、しようと思ってもできないということを、まずは引き受けるべきだと彼が考えたからである。すなわち、何の結論も目指さない、何かの答えに収斂させることも目指さない発話として、つまり「偶然性」を前提として人々の言語活動を捉え直したのである。とはいえ、私たちは、「大層異なる性格の相手との会話のなかで、いかにして詩の言語が聴き取られ、また理解されることが可能であるのか、考察せねばならな」（Oakeshott 1991: 535）いことも確かである。この点について、オークショットは、会話の営みの中で、二人の異なる詩的イメージは、重なるでも、一方が他方を支配するわけでもなく、単により複雑なイメージが喚起されるに過ぎないという。そして、「愛の姿のもとでの」（Oakeshott 1991: 537）世界において、「功利的な関係ではなく、ただお互いの「自己」というもののユニークさそのもの」を享受し合う演劇的かつ美的関係」（中金 1995: 184-185）のなかで、人間的な共同性を育むべきだと考えたのであった。

以上のオークショットの所論を踏まえると、三葉が父親を説得した言葉は、オークショットが批判する「科学的な言語」によるものではないだろう。確実なエビデンスにもとづいた説得は、そもそもこの状況でできるはずはないし、論理的な説明も不可能である。だとすれば、三葉はまさに、オークショットのいう「会話」、詩的活動を、父親を相手に行ったと見立てることができる。つまり、冒頭に述べた、特定の個人とわかりあうということではない、ある種のモノローグ的な「詩的な言葉」によるコミュニケーションの起ち上げが、三葉によってなされたということである。

ここでは、具体的に三葉が何をいったのかまでは言及しない。ただ、三葉が、ギャンブル的に、詩的な言葉によって、自分だけが固有にもつイメージを創り出し、それはモノローグとして父親に「押しつけ」られたのだが、この「押しつけ」こそが、父親を動かすことにつながったのではないだろうか。

こうした見立てをしたとき、他者とわかりあえることとありきで営まれるコミュニケーションでは人を動かすことができず、むしろ他者に通じるかどうかはフィフティー・フィフティーの状態で「賭け」たときに、人を動かすことができた、というのが、『君の名は。』における二つのコミュニケーション像のすがたであり、前者が失敗し、後者が成功したという物語の展開は、こうしたことを実際に新海誠が本作に込めていたのかどうかは別にして、これからの時代を生きていく私たちに対する重要なメッセージとなっているのではないだろうか。

4 『君の名は。』が物語る、「詩的な言葉」への期待を読みとる

以上のように、本章では、大澤聡が示した、今日的なモノローグの積み重ねによるコミュニケーションが成就した一つのケースとして『君の名は。』を読み解いてみた。作中で、従来的な、わかりあえることを前提としたコミュニケーションが成就せず（意識が瀧の三葉）、モノローグ的な、詩的な活動によってコミュニケーションを起ち上げることのほうが有効に機能した（後半の三葉）という対比的な物語の展開そのものが、私たちのコミュニケーション観の更新を促しているとも考えられるのである。

最後に、ここまでの考察を踏まえたうえでさらに本作がコミュニケーションの問題について含意するところを補足的に論じておきたい。三葉と瀧のコミュニケーションツールは、基本的にはメールである。すなわち、書き残された文字によるコミュニケーションであった。それは二人の生きる時間軸のずれが生み出した、不可避的なコミュニケーションの方法だった。二人はお互いが入れ替わっているあいだの出来事を書き残し、元に戻った時に人間関係に齟齬が生じないようにしていたわけである。

そのため、二人は、文字に残されたメールの情報をエビデンスとして遣り取りをすることになった。この文字情報は多義的な解釈のできない（必要のない）ものである。二人にとっては、お互いの意識が入れ替わっていたときに起こった情報の伝達こそが重要で、このときの二人における言葉とは、まさにエビデンスそのものであった。

けれども、終盤、カタワレ時の二人の再会の場面で使われた言葉は、そうしたものではなかった。瀧はお互いの名前を忘れないようにマジックで手のひらに名前を書くことにしたのだが、二人が別離したあと三葉が自身の手のひらを見ると、そこに瀧の名前はなく、「すきだ」と一言書かれていただけであった。瀧が、自分の名前という「情

報」を伝えるのではなく、あえて三葉への告白という、ある種の「詩的な言葉」を「賭け」て選択したということ自体、私たちが「詩的な言葉」と「賭け」の価値を見出す契機となっているのである。瀧が、自分の名前という「情報」を伝えないという選択をしたことは、コミュニケーションを意図的に成就させない行為である。しかし三葉は、先に述べたように、この「すきだ」に背中を押されるようにして、父親のもとに向かうのである。だとしたら、この愛の告白という、この場面における「モノローグ」は、糸守町の壊滅という、以前瀧が新聞記事で確認したエビデンスを転覆させ、現実を変える契機となったのである。エビデンスが「詩的な言葉」によってひっくり返されるという本作の構造そのものが、「詩的な言葉」の力への期待を物語っているのである。

小玉重夫が、『君の名は。』や『シン・ゴジラ』を、現実世界と虚構世界が相互浸透した、ポストトゥルースの時代を象徴する作品として位置づけている（小玉 2018）ように、『君の名は。』は、現代社会の諸問題を巧みに捉え、物語に組み込んだ作品として評価されることが多い。本章は同様に、本作を今日的なコミュニケーションの問題も取り込んだ作品として捉えようとする試みであった。『君の名は。』が、ヒットした要因の一つには、かように現代社会で問題とされている、あるいは、表面化していないが、潜在的に共有されているように思われる問題にアンテナが張られ、物語に反映していることがあることには、恐らく異論のないところだと思われる。本作から、本章で取りあげたようなコミュニケーションの問題も論じられるということは、それだけ、この問題が今日的問題として捉えるべきものであり、あるいは、今後注視すべき問題だということも、いえるのではないだろうか。

おわりに――これからの教育（学）との関わりのなかで

それでは最後に、本章で述べてきたことを今後の教育（学）の問題としてどのように考えればよいかを、ひとまずまとめておこう。まず、本章で重要なキーワードの一つとして扱ったのは「賭け」であった。ギャンブル性のある「会話」の重要性は、オークショットが論じたところであったし、三葉が父親を動かした言動にも、そうしたところがあったのだと読み取った。こうしたギャンブル性のある「会話」の可能性を教育の場に導入するとすれば、どうすれば「賭け」が可能になるかということが、議論されることになるだろう。

本章で論じたことや三葉の行動を振り返れば、「今、ここに」自己が存在していることの「驚異」と「諦め」が均衡したとき、「賭け」が可能になるし、また、そうした「賭け」のなかで発せられる「詩的な言葉」が、相手とのコミュニケーションの起ち上げにつながることになる。だとすれば、一ついえることは、自己の不完全性（不完結性）の認識ということになるだろう。そうした認識は、他者の（言葉の）不完全性（不完結性）を見出すことにもつながる。私たちがこうした地点に立つことができれば、自身の言葉を「完全に」してから話そう、書こうとは思わない。オークショット流にいえば、自身にしか分からないイメージをもつという意味で、不完全／不完結な言葉を用いているという自覚をもつということである。

そのためには、たとえば「他者（弱者）に対する思いやりをもとう」という指導は、学習者の間違った認識を導いてしまうことになる。「助けてあげる」ではなく、あなたも私も同じく「弱い」という地点に立たなければならない。これは、ただインクルーシブ教育をやれば克服できるということではない。相手がどう思うかを考えながら、相手に自分のメッセージを上手く伝えよう、という旧来的なコミュニケーション観を破棄し、自分が考えたことを、「今、ここで」（オークショットがいうように「笑い」ながら）状況に委ねる経験が必要である。

オークショットの「会話」は、固有のイメージをお互いに創り合うことを楽しむというものであった。ここには、単一の結論を導いたり、合意を形成するというコミュニケーションは存在しない。次々と、まとまるかと思いきやばらけ、新しい話題に移り、それぞれの世界が広がっていくということ自体に、私たちがある共同体において「言語活動」を営む価値があるのだということになる。これはまさに、「わかりあう」「まとめる」「終わらせる」「伝達させる」ことを前提とした、ある枠組みに収斂させるためのコミュニケーションではなく、自分の力で「紡ぎ出す」、新しいかたちの「コミュニケーション」なのである。「学校」というものが、今後も意味ある存在として維持されていくものであるならば、今後の「学校」が果たすべき役割の一つとして考えられるのは、こうした「賭け」の詩的活動を経験する場を提供することである。筆者はすでに、「詩的な言葉」のヴァリエーションを学習者に提供することの必要性を論じている（渡辺 2017a）が、そうした「詩的な言葉」を実験的に用いる場、あるいは、そうした人間の「ふるまい」があるのだということを知り、実際「ふるまう」演劇的なコミュニケーションの場を、「学校」に用意することが必要であろう。

また、『君の名は。』が〈破局の警告〉の物語であったことは、いま一つ重要な示唆を私たちに投げかける。それは、こうした、自分の創ったイメージをぶつけ合う新しい「コミュニケーション」が成立するためには、従来のような、明るいオープンな未来を前提とした「教育」をしていたのでは成立しないということである。明るい未来だけが前提とされていては、コミュニケーションは必ず「わかりあえる」「まとまる」方向に収斂してしまう。

デュピュイやアンダースが論じていたような、カタストロフからの逆算によって現在の自己の襟を正すという視点は、「わかりあえる」「対立が回避される」というプラス思考の未来ではなく、不確実性の高い未来、共同体に、詩的な言葉で「賭け」をして参入していくという視点を与えることになる。こうした見方によれば、未来は不定性を抱えていることになるのだが、同時に、だからこそ、その不定性を自分の力で変えられるという、ある種の「当事者性」をもつことも可能になるのだ。

そのためには、本章で取りあげたような、「偶然性」に対する積極的な価値を見出すことが重要になってくる。現日常に溢れる「偶然」と、『君の名は。』で三葉が瀧に起こったさまざまな「偶然」は質的に異なるものである。現実世界の「偶然」と異なり、『君の名は。』というファンタジーに起こる「偶然」は、作者の仕掛けた意図的なものである。その意味で、本章の分析は、ファンタジーに起こっている「偶然」を現実世界のものとして読み込んでしまっている憾みがある。とはいえ、この作品におけるつくられた「偶然」が、冒頭にも挙げた中村圭志がいうように、「人と人との出会いは完全に神秘的なものであるということをSF的に描いたもの」（中村 2018: 379）といえるのであれば、「偶然」にはある種の超越的な力が働いているのであり、その「偶然」が引き起こしたことを前向きに受け入れるようになった三葉や瀧の思考は、私たち自身の思考のモデルともなるはずである。日本文学でも、「偶然」が歴史的に議論されていたことを描き出してみせた真銅正宏が「作者は偶然を、リアリティを保つべく虚構化して読者に伝えなければいけない。その努力が払われた小説に、読者は日常体験以上のものを見つけ、驚き、行動や思考のモデルとしてこれを読むことができるのである」（真銅 2014: 4-5）という。真銅の述べたことを踏まえれば、こうした「モデル」の提供が、重要になってくる。

紅野謙介が危惧するように、センター試験が大学入学共通テストに変わり、日常場面における言語活動が想定された問題が出題されるようになると、私たちが教室でフィクションに触れるということの意味は、ますます失われていくことにもなりかねない（紅野 2018）。私たちがこうしたフィクションに触れることの意味も、このことは特に国語科教育の課題となることと思われるが、本章を踏まえれば、とりわけアートと教育の「つなぎ」方をめぐる問題こそ、今後議論されるべきであることがわかる。それは、単にアートをみたり聞いたりして自由に語らせたり、アート（のようなもの）を自由に描かせるという、「アートごっこ」をするだけでは到底不可能である。筆者が現段階で強調しておきたいことは、ここで述べたように「アートを教える」ではなく、（モデルの提供、ということをいいかえてみると）「アートのシャワーを浴びせる」ということの必要性なのだが、学校現場におけるその具体的な方法は、今後さらに模索していきたい。

注

（1）なお、『君の名は。』について、筆者は以前、この映画を教育学研究者としてどう読み解くか、という趣旨のインタビューに応じるかたちで若干の考察を行っている（渡辺 2017b）。とはいえ、これは勤務先の広報課が出している雑誌の見開き二頁のものであり、簡潔に論点を述べたに過ぎない。本章は、このインタビューで得られた知見をさらに深めて、また、この中で残した課題（三葉がなぜ父親を説得できたのか）を論じるものであるということを、お断りしておきたい。

（2）映画や小説版でもこのことは断片的に示されているが、ライトノベル版（加納 2016）では、三葉の母親と民俗学者だった父親の出会いなども、その後の父親の「宮水家」に対する嫌悪に接続するように、行間の穴埋め的に描かれている。

（3）この場面の描写は小説版には存在しない。

（4）映画版ではこの後、三葉が町長室で父親と対面する場面となるが、注3で示したように、この場面は小説版には存在しない。

（5）デュピュイは、『聖なるものの刻印』（デュピュイ 2014）において、人類は構造的に供犠（デュピュイは「聖なるもの」と呼ぶ）を必要として発展してきており、暴力そのものである「供犠」によって、共同体を内側から暴力で破壊してしまうことを防いできたという。原子爆弾も、一時期、戦争を防止する「聖なるもの」とみなされたことがあったことになる。藤田は、「スケープゴート」としての供犠を、シンボル化、虚構化することが、今日の人類の進歩であり、ゴジラや破壊された町、登場人物たちも「聖なるもの」なのだという（藤田 2017: 154）。

（6）真理探究のための科学的言語ではない、「会話」の可能性を論じた先行研究として、水谷（2007）がある。水谷は、「日常でのコミュニケーション」の可能性を論じ、オークショットにも言及している。

引用・参考文献

『君の名は。』（ブルーレイディスク）、新海誠原作・脚本・監督、東宝、二〇一七年（本稿では映画版と表記）。

Oakeshott, M. *Rationalism in politics and other esseys*, New and Expanded edition, Indianapolis: Liberty Press, 1991 [1962]（＝嶋津

格他訳『(増捕版)政治における合理主義』勁草書房、二〇一三年).

石黒広昭『子どもたちは教室で何を学ぶのか――教育実践論から学習実践論へ』東京大学出版会、二〇一六年。

大澤聡「(対話のあとで) 全体性への想像力について」大澤聡編『教養主義のリハビリテーション』筑摩書房、二〇一八年。

加納新太『君の名は。Another Side: Earthbound』角川スニーカー文庫、二〇一六年(本章ではライトノベル版と表記)。

切通理作「私たちの今日と『シン・ゴジラ』」『現代思想』第四八巻第一七号(総特集『シン・ゴジラ』とはなにか)、二〇一七年。

九鬼周造『偶然性の問題』岩波文庫、二〇一二［一九三五］年。

紅野謙介『国語教育の危機――大学入学共通テストと新学習指導要領』ちくま新書、二〇一八年。

小玉重夫「ポストトゥルースの時代における教育と政治――よみがえる亡霊、来たるべき市民」教育思想史学会『近代教育フォーラム』第二七号、二〇一八年。

新海誠『小説 君の名は。』角川文庫、二〇一六年(本章では小説版と表記)。

真銅正宏『偶然の日本文学――小説の面白さの復権』勉誠出版、二〇一四年。

谷川建司「語り――マンガ・アニメの伝統的コンテンツからの継承性」山田奨治編『マンガ・アニメで論文・レポートを書く――「好き」を学問にする方法』ミネルヴァ書房、二〇一七年。

デュピュイ、ジャン=ピエール『聖なるものの刻印――科学的合理性はなぜ盲目なのか』西谷修・森本庸介・渡名喜庸哲訳、以文社、二〇一四年。

中金聡『オークショットの政治哲学』早稲田大学出版部、一九九五年。

中金聡「偶然性と政治――オークショットの場合」政治思想学会『政治思想研究』第八号、二〇〇八年。

中村圭志『人は「死後の世界」をどう考えてきたか』角川書店、二〇一八年。

西谷修「破局に向き合う」渡名喜庸哲・森本庸介編『カタストロフからの哲学――ジャン=ピエール・デュピュイをめぐって』以文社、二〇一五年。

檜垣立哉『賭博/偶然の哲学』河出書房新社、二〇〇八年。

藤田直哉『シン・ゴジラ論』作品社、二〇一七年。

水谷雅彦「会話とは何か——コミュニケーションの倫理学のための予備的考察」片岡栄一編『ディアロゴス——手探りの中の対話』晃洋書房、二〇〇七年。

山田奨治「マンガ・アニメで研究するということ」山田奨治編『マンガ・アニメで論文・レポートを書く——「好き」を学問にする方法』ミネルヴァ書房、二〇一七年。

山名淳「広島のアンダース——哲学者の思考に内在する文化的記憶論と〈不安の子ども〉」山名淳・矢野智司編『災害と厄災の記憶を伝える——教育学は何ができるのか』勁草書房、二〇一七年。

横田正夫『大ヒットアニメで語る心理学——「感情の谷」から解き明かす日本アニメの特質』新曜社、二〇一七年。

ローティ、リチャード『哲学と自然の鏡』野家啓一監訳、産業図書、一九九三年。

渡辺哲男「実験的思考を導くための「詩人的な言葉」によるダイアローグの可能性」『立教大学教育学科研究年報』第六〇号、二〇一七年ａ。

渡辺哲男「（インタビュー）映画『君の名は。』の中に見え隠れする「未来への警告」を教育はいかに捉えるべきか」『立教』第二四〇号、二〇一七年ｂ（次に示すＵＲＬでも閲覧可能。http://www.rikkyo.ac.jp/closeup/reserach-n-faculty/2017/qo9edr00000m4c5.html）。

第四章　カタストロフィーのコミュニケーション的記憶が創られるとき

――「原爆の絵」プロジェクトにおける〈語る／聴く〉行為と絵画制作

山名　淳

はじめに

原爆投下時の広島市を知る人びとが自らの体験を語り、高校生がそれを聴きながら絵画にしていくという「次世代と描く原爆の絵」プロジェクト（以下、「原爆の絵」プロジェクト」と表記）。このプロジェクトは、広島平和記念資料館によって主催され、二〇〇七年から広島市立基町高等学校（以下、「基町高校」と表記）創造表現コースの生徒および被爆証言者の協力を得て進められている。高校生は、証言者と何度も打ち合わせ会を重ねて「原爆の絵」を仕上げていく。

このプロジェクトが記憶の継承に関する重要な実践であることにいち早く注目した社会学者の小倉康嗣は、「原爆の絵」プロジェクトにおいて高校生に生じている事態について、「追体験」をキーワードとして次のように解釈している。

この「追体験」は、被爆体験の自律性を尊重しながらも、自らの身体を通しながらそれを異化し、そして自らも異化される……生成的コミュニケーションによって成立するものである。そこには、証言者の被爆体験を描き手の身体を通して消化するという、描き手＝非被爆者という他者の「フィルター」を通した被爆体験の異化と、その異化されたもの（絵）を証言者＝被爆者が見てさらにそれを異化していくというプロセスがあり、絵を「描くという体験」を通じた相互的なコミュニケーションに基づいた協同的な生成がある。（小倉 2013: 238）

小倉は、非被爆者である高校生たちが被爆体験証言者の語りを聴きながら絵を描くという「行為＝体験」によって行為者自身が「参与する知」を生み出していく実践として、「原爆の絵」プロジェクトを評価する。そして、広島の記憶継承に関する重要な先行研究者である米山リサの見解に依拠しつつ、「被爆体験を伝達する知の『二次的な様態に気づく』ことによって『新たな思索と想像力の契機』としていく行為実践」（小倉 2013: 244, cf. Yoneyama 1999=2005: xi, 36）としての可能性をそこに見出すのである。さらに、小倉は、研究者もまた「参与する知」の媒介者であるという自己理解にもとづいて、観察者と観察対象者との境界を批判的に打ち破り、双方のコミュニケーションが作用して両者が共に変容していくことを肯定的に受け止めようとしている(1)。

小倉による長年の追跡調査に比べると、この試論はささやかで限定的なものだ。私の関心の中心は、いかにして「原爆の絵」プロジェクトが教育として可能であるか、という一点にある。同プロジェクトを含めて、カタストロフィーの教育にかかわる教育実践を眺めていると、私にはそれらがある共通の課題と向き合っているのではないかという感覚が抱かれるようになった。カタストロフィーをめぐる教育は、子どもたちに大きな不安や絶望を与えかねないリスクを負いつつも、そのぎりぎりのところで彼ら・彼女らの保護を試みて、主題を希望へと、あるいは人生の肯定的な意味の方へと接続するという、きわめて高度な課題を引き受けているという点において、一致をみるのではないか。原理的には困難であるそうしたことは、教育実践としていかにして成り立ちうるのだろうか(2)。本章では、この問いを念頭に置きつつ、「原爆の絵」プロジェクトの特徴について具体例に即して検討してみたい（事例については第2節において示す）。

「原爆の絵」は、一見した以上に複雑なコミュニケーションを通して生み出される創作物としての側面を有している。「原爆の絵」プロジェクトの現場において認められるのは、被爆証言者の語りが高校生の応答を喚起し、そして今度は高校生が被爆証言者に向けて語り、被爆証言者がそれを聴くという、双方向の語りの反復である。そのようなコミュニケーションにおいて重要な役割を果たしているのは、絵画である。絵画の提示によって、被爆証言者の反応（言語、身振り・手振り、雰囲気）が引き起こされ、高校生がその反応を読み取りながら絵画の修正を施していく。「原爆の絵」プロジェクトの主体は、語り手である被爆者であり、描き手である生徒であり、また絵画そのものでもあるかのようにもみえる。あらかじめ見通しを述べておくならば、本考察は、〈語る／聴く〉行為と〈描く／観る〉行為との交錯が語り手、描き手、そして絵画の三項の間で何を生み出すか、ということに収斂していくだろう。その問いへの答えは、カタストロフィーの教育はいかにして可能となるか、という上述の問題とも無縁ではないはずである。

本章では、理論的な基盤として、「集合的記憶」に関する考察を蓄積する文化科学と呼ばれる領域におけるメモリー・スタディーズをとくに意識して、「原爆の絵」プロジェクトを論じてみたい。本章の試みは、記憶と想起を鍵として教育と人間形成について論じる可能性を追究するいわば「メモリー・ペダゴジー」構築の一環のうちにある。(3)

1 「原爆の絵」プロジェクトとは何か

(1)「原爆の絵」プロジェクトの沿革

すでに述べたとおり、「原爆の絵」プロジェクトは、広島平和文化センターの一部をなす広島平和記念資料館によって主催され、二〇〇七年から基町高校創造表現コースの生徒および被爆証言者の協力を得て進められている。制作者である高校生は、証言者との打ち合わせ会を通して、およそ半年から一年をかけて「原爆の絵」を仕上げていく。証言者は、広島平和記念資料館によって募集される。また、絵画を制作する高校生は、基町高校の創造表現コースにおいて募集される。

基町高校の前身は、一九四二年に創設された広島市立中学校にまで遡ることができる（基町高校 1999: 32ff.）。一九四五年八月六日、爆心地から一・四キロメートルのところに位置していた同中学校は甚大な被害を受けた。校舎は全焼し、職員と生徒合わせて計三六九名が犠牲となった。第二次世界大戦後、全国的な高校再編の動きのなかで、一九四八年に広島市立中学校の後継校として広島市立城北高等学校が設立され、一九四九年には広島県広島基町高等学校となり、さらに一九八〇年に広島市立基町高等学校と校名が変更されて現在に至っている。一九九九年、同校に創造表現コースが開設された。同コースは、「国際平和文化都市広島という地域性を踏まえ、『創造と表現の面から、ものの見方・感受性を養い、芸術の世界を通して個性を伸ばしていく』」（基町高校 2009: 87）ことを目標として組織されたものである。絵画や造形を中心として芸術関係の知識と技能の習得を目指す生徒たちが多く所属している。毎年同校全体で三六〇名の入学枠があるが、そのうち四〇名が創造表現コースの枠として用意されている（二〇一七年現在）。

「原爆の絵」プロジェクトには、創造表現コースの生徒すべてではなく、有志のみが参加する。年によって参加者数は異なるが、おおよそ一〇名前後の生徒たちが絵を描いていることが多い。二〇〇七年から二〇一六年までの間に、同校におけるのべ一〇三名の生徒が同プロジェクトに参加し、一一六点の絵画を制作した（基町高校におけるインタビュー調査による）。その間の証言者は三三名で、複数年にわたり証言を引き受けるケースもある。毎年、夏に基町高校において証言者と高校生との初顔合わせの会が催される。高校生は証言者と個別にスケジュールを調整し、打ち合わせを重ねて原爆の絵を完成させる。描かれた絵画は、広島平和記念資料館に寄贈され、証言活動や絵画展の開催時に活用される。生徒によって制作された絵画は、毎年、基町高校によって自主出版されており、二〇一六年には、それまでの「原爆の絵」プロジェクトの歩みを記念して英語版も出版された。

広島の原爆をテーマにした絵画は、たとえばプロのアーティストによっても描かれている（広島市現代美術館 1997）。また、原爆体験者自身が絵画を描く実践も行われている（広島平和記念資料館 2007）。基町高校における高校生の美術制作は、原爆の記憶伝承を促すメディアとなる絵画を生み出すことを一つの目的としている点で、これらのさまざまな絵画制作と一致している。だが、それのみならず、「原爆の絵」プロジェクトにおいては、絵画制作の過程自体が次世代への記憶伝承としての意義を有する点に大きな特徴がある。原爆投下後の光景を語る者が一方におり、その語りに耳を傾けつつ絵を描く者が他方におり、その両者がいわば二人羽織の状態をなして「原爆の絵」を制作する。それは、記憶の継承を目的とした教育活動の一環という体裁を採らなければおそらく実現することが困難であったはずの関係性の設定にほかならない（見ず知らずの高校生がある証言者にいきなり体験を描かせてほしいと要請しても戸惑いが生じるであろうし、また逆に、証言者がアートの才覚に長けたある高校生に自分の体験を描いてほしいと依頼してもやはり同様の事態が予想される）。

（2）教育を介したコミュニケーション的記憶の発生装置

「原爆の絵」プロジェクトが私にとって興味深いのは、「集合的記憶」論の文脈においてである。よく知られるとおり、「集合的記憶」は、モーリス・アルヴァックスの鍵概念であり、人間の諸文化に内在する記憶と想起の次元を意味している。とはいえ、彼自身による定義の曖昧さや彼に続く論者たちの多義的な使用によって、「集合的記憶」概念は明瞭さを欠くということがしばしば指摘されてきた（4）。

アストリッド・エアルは、こうした批判を念頭に置きつつ、先行研究者たちの知見を整理しながら広義の「集合的記憶」論のうちに記憶と想起にかかわる二様の文化に関する考察が混在していることを指摘している。一つは「人々の心のうちに含まれる意味の主観的カテゴリーとしての文化」（Erll 2017: 95）であり、もう一つは「社会において公共に使用されるシンボルの諸様式としての文化」である。両者の区別は、ジェフリー・オーリック（Olick 1999: 336）による社会的・文化的な影響を受けた個人の記憶としての「集団的記憶（集められた記憶 collected memory）」と過去との社会的な関連を有する制度や実践を意味する「集合的記憶（collective memory）」の区別に呼応するとエアルはいう。また、エレーナ・エスポジト（Esposit 2002: 17）による「心理的な記憶」と「社会的な記憶」の区別もまた、それと等価とみなされる。

そのような「集合的記憶」論の文脈に「原爆の絵」プロジェクトを置いてみるとき、このプロジェクトは絵画をそのどちらの次元にも登場させつつ、絵画を通して両次元を接合する試みとして理解することができるだろう。絵画はまず「生命・心理的な次元」において登場する。被爆証言者の記憶をもとにした証言を基町高校の生徒が聴くことによって、絵画が制作される。そして、できあがった絵画は、「社会的・文化的な次元」における（狭義の）「集合的記憶」の社会文化的な編成体の一部となる。すなわち、広島平和記念資料館という機関・組織に所蔵され、被爆体験証言という社会的実践のための媒体として使用されたり、あるいは展示会に出展されたりするようになる（5）。

美術制作を軸として、「生命・心理的な次元」の記憶が「社会・文化的な次元」の想起文化に作用し、またそのような想起文化が「生命・心理的な次元」の記憶に作用し返すような循環を形成することが企てられている。「集合的記憶」と想起文化に関する研究領域に位置づけると、「原爆の絵」プロジェクトはそのように位置づけられる。「原爆の絵」プロジェクトを記憶の「生命・心理的な次元」と「社会・文化的な次元」の間にある実践として位置づけるとき、そこで何が生じているといえるのか。アライダ・アスマンとヤン・アスマンのよく知られた記憶論の術語を借りれば、それは「コミュニケーション的記憶」（Assmann/Assmann 1994）ということになるであろう。それは個人の語りの真正性を頼りにして人から人へと語り伝えられる記憶の意味内容である。「原爆の絵」プロジェクトの場合、コミュニケーション的記憶は、世代間でいわば自然発生的に生じるのではなく、教育という極めて意図的な世代間関係への介入によっていわば創られる。そのような意味において、「原爆の絵」プロジェクトは、あらゆる教育的営為と同様に、たしかにある種の作為ではある。とはいえ、あらかじめ定められた着地点に向かってコミュニケーション的記憶の発生をコントロールするというような活動ではまったくない。同プロジェクトにおいてカタストロフィーに関してコミュニケーション的記憶がどのように生起しているのかは、観察という行為によって初めて解釈されるものとなる。

2　語りがたい光景

今回、「原爆の絵」プロジェクトに参加する一組の被爆証言者（八〇代前半の女性）と高校生（3年生、女性）による打ち合わせ会を観察させていただいた（以下、被爆証言者A、高校生Bとして敬称略のかたちで表記する）。打ち合わせ会は、被爆証言者と高校生との初顔合わせ会を含めて計一〇回に及んだ。[6] 私は、二〇一七年一一月二五日の打ち合わせ会から毎回参加させていただき、計七回の観察を行った。

高校生Ｂは、前年度も「原爆の絵」プロジェクトに参加しており、今回が二度目の挑戦であった。証言者Ａにとっては、今回が同プロジェクトへの初めての参加であった。一回の打ち合わせ会におけるやりとりは、二〇分間程度の場合もあれば、およそ一時間にわたることもあった。最後に求められるのは油絵の制作であるが、打ち合わせ会の初期段階では鉛筆書きのスケッチによって構図が検討され、その後、水彩画によって色彩に見当がつけられ、そして油絵の制作に向かうという過程を経た。証言者Ａの自宅が打ち合わせ会の主たる会場として使用されたが、油絵の制作に移行してからは学校が会場となった。打ち合わせ会の観察を補完するために、証言者Ａ、高校生Ｂに対して打ち合わせ会後の時間にインタビューを行った。その他、「原爆の絵」プロジェクト関係者数名に話をうかがうことができた(7)。

打ち合わせ会の具体的な様子について考察するためには、やはり描かれる光景を語る証言者Ａについて今少し詳しく言及しておく必要があるだろう。「原爆の絵」プロジェクトにおいて描かれた絵画は悲惨な光景を描いたものがほとんどである。ある被爆証言者は、同プロジェクトの絵画展（二〇一八年八月六日、広島国際会議場）において、ほんとうは語りたくない、そして描いてほしくない記憶をひとえに継承のために呼び起こして語るのだと発言した。今回観察対象とした同プロジェクトの打ち合わせ会の証言者Ａもまた、そのような気持ちを共有する人物であった。Ａは、長い間、言葉にすることができなかったある光景を心の内に秘めていた。Ａは、「原爆の絵」プロジェクトにおける絵画の対象として、あえてその光景を選んだ。

一三歳の時、Ａは爆心地から二・八キロメートルほど離れた自宅で被爆した。当時、Ａは女学校に通っていたが、一週間のうち半分くらいが学徒動員に費やされたと述懐する。一九四五年八月六日当日、Ａは広島市中心部において建物疎開に参加する予定であったが、体調を崩して自宅にいた。そのときに原子爆弾が炸裂した。Ａの自宅は真っ赤な炎と強烈な爆風を浴びて、屋根に直径およそ一メートルの穴が空くほどの甚大な被害を受けた。Aがいた畳の間もその衝撃で臼状に沈下して、Aはそこに落ち込んだ。だが、まさにそれゆえに、すなわち一瞬のうちに瓦解した畳の間が図らずも防護柵の役割を果たしたことによって、彼女は吹き飛んできた諸々のもの——直撃すればそれだけで致命傷となるようなものもそれらには含まれていた——から守られた。Aは九死に一生を得たが、傷を負い、流血した。自宅に一緒にいた二歳半の弟、また爆心地から五〇〇メートルほどの場所に勤務していた姉をはじめとして、親族や近隣の人びとの多くが犠牲となった。

Aには被爆体験を公表する機会が二度訪れている。一度目は、高校三年生の頃に国語の授業において被爆体験を作文として綴ったときである。その作文は、長田新編『原爆の子』（一九五一年）に収録された。Aは、その後、積極的には被爆体験を語ることはなかった。(8) 転機はそれからずいぶんと後になってから、すなわち二〇一〇年頃に訪れた。Aは、いくつかの切っ掛けを得て、今度は語り部として原爆の体験を語ることになった。最初、Aは躊躇したが、恩師や孫の言葉によって被爆証言の意義を自覚するようになった。その言葉に背中を押されるようにして、Aは語り部としての活動を始めた。最初は涙が流れて言葉にならないこともあったが、Aの話を聴いた人びとの感想に勇気づけられ、証言活動の意義を実感したという。「原爆の絵」プロジェクトへの参加は、そのような活動の一環として位置づけられる。

証言者Aが『原爆の子』において綴った内容と二〇一〇年代から始めた語り部としての証言内容には、重なる部分が少なくない。だが、その描写において、前者になく後者にのみ表れる場面がいくつかある。証言者Aは、その一つを「原爆の絵」プロジェクトにおいて描かれる場面として選択した。その場面は、どのエピソードにもまして言葉で表現することが困難であった。また、表現されえないというだけでなく、言葉にすることでその現場が鮮明に想起されることが長い間ためらわれたという。

被爆直後、Aは大やけどを負った家族や荷物を運ぶための大八車を借りるために、自宅から四キロメートルほど離れた親類宅まで一人で歩いて行った。大八車を引いて帰宅する途上、道の向こう側に「黒いようなもん［＝もの］」がみえた。それは少しずつAの方に接近してくるようであった。「黒いようなもん」は、「線」から「帯」のようになり、やがて巨大な長い塊のようになった。そのときようやく、Aは「黒いようなもん」が無残に焼けただれたおびただしい数の人びととの一群であることを知った。

「原爆の絵」プロジェクト打ち合わせ会において、証言者Aは、このときの光景をさまざまな言葉で高校生Bに伝えようと試みている。二〇一七年一二月一五日の打ち合わせ会では、たとえば次のような証言があった。

A：誰もかれも皆ね、もう汚れて。破れてあのもう、服着とるいうんじゃないよ、ねえ。［襤褸《ぼろ》を］まとっとるというかね、［手の先に何か］ぶら下がっとるというかねえ（・・・）ほんとう。可哀そうなというか、お化けのようでもう怖かった。この人たちはどこから来ちゃったんじゃろうか、私が地獄に迷い込んだんじゃろうか思うてねえ。ほんとうに怖かった。だからもう見んように見んようにしてね。（目線を下げるしぐさとともに）自分の足元をこうして見て一歩一歩帰ったんだけど。[9]

そのときの光景を、Aはほぼ毎回の打ち合わせ会において、繰り返し「地獄に迷い込んだ」かのようであったと形容している。Aは後から振り返ってその惨状を「地獄」のようであったと喩えているのだ、と理解するだけではおそらく十分ではないだろう。Aは、当時一三歳の少女であったあの時あの場所に立ち帰って、そのように述べているようにみえた。他の多くの人びとと同じように、Aはあの時点では広島市内で何が生じていたかをまったく掌握できないでいた。大空襲が起きて自宅や他の家々に爆弾や焼夷弾が落ちたものと捉えていた（そのような理解では多々腑に落ちないところもあったが、とにかくそのように思い込もうとした）。

そうしたなかで、Ａは例の場面に遭遇した。少女Ａのそれまでの経験や知識を照らし合わせてみたときに、その光景は現実のものとは思われなかった。「地獄」のようであるという言葉は、その理解不可能な光景を目の当たりにして茫然自失となった少女Ａの心的状況を示しているといってよい。その衝撃はあまりにも大きく、高校時代の作文においては、この場面を言葉にすることが拒まれるほどであった。その翌日、八月七日には、Ａは父と共に姉の安否確認のために広島市内に入り、爆心地の惨状を目の当たりにしている。その光景と同様に、いやそれ以上に、先述の「黒いようなもん」は、原爆がもたらした凄惨な場面とのいわば最初の遭遇として、受け止められぬほどの衝撃をもってＡの記憶に刻まれた。

一度目の証言（高校生のときの作文）の機会に語ることができなかった光景を誰にも話さず、その記憶を一人で抱えたまま、Ａは生きてきた。被爆証言活動を開始してから、Ａはようやくこの体験を言葉にするようになったのである。あの光景は、Ａにとって二重の意味で語りがたいものであった。一つは、言語化することによって記憶を蘇らせたくない光景、つまり語りたくない光景であるという意味において。もう一つは、「地獄」という比喩によってしか言語化できない光景、要するに語り尽くすことのできない光景であるという意味において。現在のＡにとっても、それは語りがたい光景ではあったが、同時に、どうしても描いてほしい光景でもあった。この語りがたい光景をめぐって、高校生Ｂとの間で、言葉が交わされていった。

3　繰り返しと崩し——語り部としての証言活動との相違

「原爆の絵」プロジェクトの打ち合わせ会において、証言者は語りがたい光景をどのように語るのだろうか。そのこととともかかわってまず注目しておかねばならないのは、語られる場所の特徴であろう。打ち合わせ会は、主に基町高校もしくは広島平和記念資料館（証言者控室など）で行われる。証言者Ａと高校生Ｂとの打ち合わせ会は、高校と証言者の自宅で行われた。そこでは、たとえば公的な施設において証言者が当時の経験について語るような場合とはまったく異なる環境が設定されることになる。公的な施設では、教室のような対面方式の空間構造のなかで証言者が登壇して話をすることが多い。それに対して、ＡとＢの打ち合わせ会を例としていえば、証言者の日常のくつろぎ空間（大きなテーブルが置かれた畳敷きの部屋）において、証言者Ａによって用意されたお茶やお菓子をいただきながら、Ａが語り、Ｂがその語りを聴いた。

「原爆の絵」プロジェクトでは、一人の証言者の語りをもとにして複数の高校生がそれぞれの絵画を制作するケースもあるが、いずれにしても、公的な施設のスクール形式の部屋において一対多のかたちで証言活動がなされる場合とは状況がかなり異なっていることに変わりはない。そのことは、同プロジェクトに参加する高校生たち自身にも実感されているようだ。同プロジェクトに参加する高校生たちのほとんどは広島県出身者で、その多くが小・中学校時代に受けた平和教育のなかで被爆者の証言にふれる機会がこれまでにあったとしている。だが、同プロジェクトにおいて被爆証言者の言葉と向き合うことは、集団における聴き手の一人として証言者の語りに接することとはまったく異なるものであるということを、多くの高校生たちは感じている。証言者の言葉がより切実に伝わってくる感覚が生じると、複数の高校生が証言しているのである(10)。

それだけではない。公的な施設における被爆証言活動における語りと「原爆の絵」プロジェクトの打ち合わせ会における語りの間には、基本的に大きな相違が存在するように思われる。このことを証言者Ａのケースに即して述べてみよう。Ａが目下のところ語り部としての活動も積極的に行っていることは、すでに述べたとおりである。Ａによる語り部としての語りは、「原爆の絵」プロジェクトにおけるそれと大きく異なっている。語り部としての証言活動に際して、Ａはパワーポイントのデータを用いてスクリーンに関係資料を提示する。そして、あらゆる講演と同様に、あらかじめ用意されたシナリオに従いつつ、ほぼ時系列に沿って原爆投下前後の出来事を言い表そうとする。ときには情感が言葉の抑揚に乗せられる場合もある。

それと比較して挙げられるべき「原爆の絵」プロジェクト打ち合わせ会における語りの特徴はさまざまである。たとえば、Aの語りは打ち合わせ会では一貫して非常に穏やかであった。また、打ち合わせ会における語りは、必ずしもクロノロジカルに進んでいくわけではなく、むしろあるエピソードからの連想で別のエピソードへと話題が流れていくことも少なくなかった。何度も積み重ねられる打ち合わせ会のなかで、絵画の制作にとって重要な話題は反復して語られつつ、その時々によって語りの方向性がそこから微妙な差異をもって変化した。

「原爆の絵」プロジェクトの打ち合わせ会においてほぼ毎回のように話題となったのは、当然のことながら、絵画のトピックでもある「地獄」のようであったと形容された光景についてであった。その後、絵画のうちに描かれたさまざまなものについて話が及ぶことが多かった。たとえば、二〇一七年一二月一五日の打ち合わせ会では、絵画に描かれた少女Aが身につけていたズボンについて、証言者Aと高校生Bの間で和やかな会話が交わされた。

B：（略）今、［美術の］先生に［この打ち合わせ会へ］行く前にも一度見せたんですけども、ちょっと今の、現代のジーンズに見えるっていう［ふうに先生がおっしゃって］（笑）。

A：うんうん、そうね。

B：［そう先生が］言っていらしたので、なんか、どんなふうに描いたら（・・・）。

A：モンペ。

B：モンペ？

A：モンペ。ここ紐で結んでねえ。よく絣（かすり）の着物で作ってたんよ。

B：絣ですか（・・）。

A：絣と［と言ってもわからない？］（Bが絣のことを知らない様子に少し驚いた様子で微笑む））。こう模様があったり。

B：うんうん。

A：そうねえ、ジーンズみたいだね（笑）。なんとかねえ。お母さんの銘仙…銘仙ってもう薄いんよ。弱いんよ。だけどそんなの皆ほどいて、そんなんで皆作ってる。あれなんかね、袴（はかま）（・）裃（かみしも）とか、袴があるでしょ。それを解いてね、それを染めて、紺とか黒に染めるんだけど、その柄が残ってるんよ。（略）お米の袋をね、黒く染めて、この畳の縁にしたりねえ。

B：へえ、すごい。

上述のやりとりによって、その時点においてジーンズのようにみえた少女Aのズボンを当時の状況に見合うように描き直すための情報が、証言者Aから高校生Bへ提供された。だが、そうした会話は、たんに絵画制作を促すための機能を果たしただけではおそらくない。高校生Bは、証言者Aの話によって、絵画制作には直接には関わりはないが当時の状況として重要であるような生活環境の一端を知ることができた。高校生Bは、未知の事物（「モンペ」、「絣」、「銘仙」）に関心を示し、驚嘆（「へえ、すごい」）や頷き（「うんうん」）によって証言者Aに反応している。またそのことによって、証言者Aはさらなる語りへと促されている。そうしたやりとりを通して、証言者Aと高校生Bとの間に親近感が生じ、そのことによって世代間における応答の関係性が生み出されていく。複数の打ち合わせ会においてそのような状況が観察された。

4　絵画の役割

（1）〈語る／聴く〉と〈描く／観る〉の交錯

「原爆の絵」プロジェクトにおいて、打ち合わせ会ごとに証言者と高校生との間で交わされるやりとりの内容が崩されながらさまざまな方向へと開かれていくのはなぜか。被爆証言を若者が聴くことによって記憶が継承されることをめぐる問題を考察した平田仁胤（2012）は、被爆証言が往々にして特定のプロットをなぞってしまうことの問題性を論じた諸先行研究（Yoneyama 1999=2005、直野 2004、八木 2008）を踏まえつつ、被爆者と若者とが「生活世界」を異にするがゆえに、被爆証言が「共構築」としての側面を有することに注目している。そして、被爆証言がプロットの定型化を脱して多様な在り方を示すようになる可能性を、そこに見出そうとしている（平田 2012: 110f.）。そのような指摘を受けていえば、「原爆の絵」プロジェクトにおいても、証言活動の「共構築」性が語りを開いていく原動力になっている、とさしあたりは答えられるかもしれない。

ただし、「原爆の絵」プロジェクトの場合には、証言の「共構築」に対して、決定的に重要なある種の限定がかけられていることに注視しなければならない。それは、高校生に課せられた特殊な翻訳者としての在り方である。高校生の課題は、聴くことのみでもなければ、描くことだけでもなく、その双方を自らの活動のうちで交錯させることにある。高校生は、通常の美術制作と異なる制作観をもって同プロジェクトに臨んでいることがわかる。「描くのは私だけど、作品は私のものではない」、また「証言者さんの代わりに描く」という高校生Bの言葉は、そのことを象徴している。「証言者さんの代わりに描く」という言明は、何かを主体的に創造するという立場の放棄を含んでおり、むしろ飜訳者の立場に身を置くことの態度を表明しているように思われる。

急いで補筆されなければならないのは、証言者Ａのうちに絵画の構図があるわけではないことを高校生Ｂが自覚していることである。Ａの記憶のうちに描くべき明確な像があり、自分はそれを模写するだけである、とＢは考えていない。そのような意味では、絵画はやはり自分の表現でもある、とＢはいう。飜訳者が同時に解釈者であるという意識が、そこには看取できる。表現の導きは他者（証言者Ａ）の方にあるが、だからといって独自の創作性や解釈の可能性が完全に排除されるわけではない。

自らが主体となって自由に表現するわけではないが、表現の主体であることを否定しては課題が遂行できない戸惑いのうちにある高校生。その目前には、語りがたい光景を語ろうとする証言者がいる。その証言者の言葉を手がかりに、両者の間で絵画が制作される。描き込んでいくための手がかりは、絵画そのものであり、またその絵画に関わる言葉である。絵画の提示に対して、またその提示とともに投げかけられる高校生の問いかけに対して、証言者は応答する。描かれたものに対する共感を、あるいは違和感を。また、そこからの連想を。そのような証言者の反応をもとにして、高校生はさらに作画し、それを提示し、また証言者へ問いかける。打ち合わせ会は、ほぼ毎回、そのようなやりとりの連続で進行していった。一方における言葉による〈語る／聴く〉のやりとりが、他方における絵画をめぐる〈描く／観る〉のやりとりによって触発されて、その都度さまざまな方向に話題が開かれていく。証言者の語りがなぜ「原爆の絵」プロジェクトにおいて繰り返しとともにそこからの崩しによって成り立つのか、という問いに対する一つの答えが、ここにある。

先述の例を今一度振り返ってみよう。高校生Ｂは証言者Ａの語りに基づいて当時の服装（モンペ）を想像してみたのだが、絵画の次元に反映したＢの想像において現象したのは、身近な衣装（ジーンズ）への置き換えであった。このことを切掛けとして、証言者Ａは、モンペにまつわる開かれたエピソードをＢに語った。その言葉は、Ｂにおける想像を修正する方向へと作用した。同様のことは、絵画における他の部分――当時の状況における土できた道、家屋、田んぼなどの様子――についてのやりとりにも確認された。

（2）〈語り手／描き手〉関係の非対称的対称性

絵画をとおした〈描く／観る〉の実践が〈語る／聴く〉の実践を触発するということについて、別の角度から論じてみよう。被爆証言者における想起と高校生がその語りに耳を傾ける際に生じる想起とを区別するために、ここでは前者を「第一次的想起」と、後者を「第二次的想起」と呼ぶことにする。高校生Ｂの証言に基づいていえば、「第二次的想起」は、「第一次的想起」を被爆証言者の言葉を頼りにして疑似模倣的に想起しようとすることによって生じる。被爆証言者の方からは、いかなる「第二次的想起」が生じるか（生じたか）が予期されつつ、自らの体験が語られる。

証言者と高校生の関係は、システム理論における「ダブル・コンティンジェンシー（二重の不確定性）」（cf. Luhmann 1984: 152ff.）の構図を思い起こさせる。美術制作に携わる高校生にとっても、また証言を行う被爆証言者にとっても、お互いに相手の想起はわからない。そのようななかで、両者ともに、相手の想起がどのようなものであるかを予期するほかはない。それぞれの想起はまた、相手がこちら側の想起をどのように予期しているかにも左右されるため、それをさらに予期すること（予期の予期）もあるだろう。

制作者による再提示の具体としての絵画を媒体として、制作者における「第二次的想起」と証言者における「第一次的想起」との齟齬が、証言者によって指摘される。一旦は絵画として意味づけられた表象は、証言者の反応によってその意味の妥当性を揺さぶられ、制作者をとおしたさらなる修正へと促されていく。そのかぎりにおいて、被爆証言者と美術制作者とは、対称的な関係にはない。被爆体験の再提示としての絵画が妥当かどうかを判断できるのは、あくまでも被爆証言者の方である。そのような意味において、証言者による語りは真正性を帯びている。

ただし、急いで補筆されなければならないのは、被爆体験者Ａが自らの記憶のうちにまず明確な像を有しており、その像と目前に差し出された絵画とを照合して「第二次的想起」の〈正しさ〉が判定されているわけではないということである。すでに論じたことに示唆されているように、「第一次的想起」がまず無前提にあるというよりも、提示された絵画からの隔たりによって「第一次的想起」が喚起され、そのことによって両者におけるさらなるコミュニケーションが図られて「第二次的想起」の修正が促されるのである。この場合の証言者は、描き手としての高校生とはまた別の立場にはあるものの、ある種の飜訳者としても絵画の制作に参入しているということができる。証言者は、絵画が提示されることによって描き手が自分の語りをどのように受け取ったのかを読み取り、絵画に喚起された「第一次的想起」を通してその読み取りを修正する言葉を模索し、また描き手に語りかけることで、絵画制作をいわば共同翻訳の作業へと変化させているのである。

そのような共同翻訳作業における証言者の語りの優位とは裏腹に、絵画制作に必要な画力を保持しているという点においては、逆に高校生の方に優位性が認められる。証言者と高校生の間に〈語る／聴く〉と〈描く／観る〉の両次元における異なる優位性がたすき掛けのように生じている状況を、ここでは非対称的対称性と呼ぶことにしよう。この非対称的対称性は、両者のコミュニケーションにおいて非常に重要な意味を帯びている。高校生は証言者における語りの真正性に対して敬意を表明し、また証言者は高校生における画力に対する敬意を示す。このことは、「原爆の絵」プロジェクトにおける証言と絵画制作の双方を鼓舞する要因となっているように思われる。証言者Ａと高校生Ｂの事例に関していえば、とりわけＡがほぼ毎回の打ち合わせ会においてＢの画力に対して、「上手じゃねえ［＝上手だねえ］」（［　］内は筆者による補足）といった賞賛を口にしていたことが印象的であった。そのたびに、Ｂは表情に笑みを浮かべた。その笑みにうちに相互の敬意が集約されているように、私にはみえた。

（3）絵画が保護する

〈語る／聴く〉実践と〈描く／観る〉実践を通した共同翻訳としての「原爆の絵」プロジェクトは、絵画表現へと収斂していく。表現（representation）への集中が、「原爆の絵」プロジェクトを可能にしている一つの重要な理由であるように思われる。高校生たちにとって、証言者たちの原爆投下時の話に耳を傾けることには、大きな衝撃が伴う（小倉 2013: 234ff.）[11]。それにもかかわらず、なぜ高校生たちは、このコミュニケーション的記憶の活性化の試みに参加し続けることができるのか。悲惨な場面を想像するのはこわいけれども、絵を描くという課題に集中することによってその耐えがたさと折り合うことができる、と高校生Bはいう。複数の高校生もまた、それと同様の思いを告白している。

カタストロフィーの記憶に関する諸先行研究は、語りの受け手がさらなる物語の創造に向かうことに対して批判を向けることもあった。なぜなら、「『ありえない』出来事の記憶を前にして、証言のなかから私たちを不安にさせるものを取り除いて「物語」に仕立てあげる誘惑にかられる」（直野 2015: 214）からだ。原爆体験の証言に関する緻密な研究を行っている直野章子は、エリック・サントナーの論考に依拠しつつ、「意識的ないし無意識に外傷や喪失の痕跡をぬぐい去るために企てられた語りの構築や展開」である「物語フェティシズム（narrative fetishism）」に依拠することで、証言が喚起する情動を鎮めようとする、と述べている。絵画制作に注目する本章では、「物語フェティシズム」を「表現フェティシズム」と言い換えて論じるべきかもしれない。この「表現フェティシズム」を教育学の観点から捉え返すならば、本来は接近しがたい痛烈な体験の語りへの接近を可能にするようなその保護作用についても議論されてよいのではないだろうか[12]。

5　絵画が想起する

（1）表現の淀み

証言者と絵画制作者の非対称的対称性、また絵画の保護作用にもかかわらず、だがやはり高校生たちは「第二次的想起」の困難に直面して苦悩する。「想像できない」という事態を受け流して絵筆を置くという選択肢はない。複数の高校生がそうした苦しさを吐露している。〈聴く〉という行為と〈聴く↓描く〉という行為とは、性質を異にする。高校生Bもまた、そうした困難を十分に認識していた。「どのように描いてよいかわからなかったときに、つらいと感じた」と述べる高校生Bは、次のように語っている。「証言者さんは頭のなかにあるものを言葉にしてくださる。それを聴いても、想像は完全には［証言者の記憶には］届かない。それを私たちがいろいろな形で想像する。いろいろなパターンを思い描き、一番近いものを証言者さんに選んでいただく」。高校生Bがここで行おうとしているのは、たとえば他者に対する境界線を前提としてあちら側にある未知のものをこちら側の既知のものへ置き換えるというような作業ではない。むしろ、こちら側から想像の及ぶ縁からその向こうにある深淵を覗き込むような、したがってそれまで自明と感じていた領域を超えようとするがゆえに自らの同一性をも揺さぶられるようなトランスレーションの苦悩がそこに垣間見えるのである(13)。

絵画制作の進行に際して浮上する描き手にとっての困難点は、少なくともAとBの打ち合わせ会においては、同時にまた語り手の困難点とも重なり合っていたようにみえる。それは、「黒いようなもん」の先端部分、つまり黒く焼けただれた一群の先頭にいた人びとの表情や様子において出現した。証言者Aは、この部分をより明瞭に描いてほしいと繰り返し要請していた。Aが経験した受け止めがたいほどの当時の衝撃が最も濃縮して表れるべき箇所であったからだ。その一方で、すでに述べたとおり、当時、Ａは恐怖のあまり「もう見んように見んようにして」自分の足元をみつめて一歩ずつ前に進んだ。つまり、彼女はその詳細を眺めていない可能性がある。打ち合わせ会において、Ａは多くの人びとの身体から皮膚が溶け落ちたかのようにぶら下がっていたことを語り、広島平和記念資料館にあった原爆投下後のジオラマに設置された人形の姿に似ていたことを示唆した。またＡは、死んだ赤子を抱いた母親がいたことについても言及した。だが、表情などに関するより詳しい説明はなされたとは言い難かった。たとえば、二〇一八年一月二五日の打ち合わせ会では、次のようなやりとりがあった。

Ａ：へえ。（・・・）（絵画の一画を指しながら）ここらに、一人くらい座り込んだような。ここらで力尽きてねえ、座り込む人もあったんよ。
Ｂ：座るのは、崩れてる。
Ａ：うーんそうねえ。きちっと（・・）こういうような感じかなあ。私も怖いからそうじっと見てないけど。ばたばたっとねえ。（・・・）（描かれたある人物を指して）この人も頭なんかもっとぐちゃぐちゃに。
Ｂ：うんうん。
Ａ：もうとにかくとにかく、うん。
Ｂ：髪がもうぐちゃぐちゃに。
Ａ：うん。髪がぐちゃぐちゃで、顔は（・・）。ええモンペができたじゃん（笑）。

前方にいた人びとの表情に話が及んだ後で、話題がキャンバスに描かれた少女Ａの服装へと移行している。「黒いようなもん」との遭遇は、当時のＡが経験した衝撃そのものの象徴であり、絵画において最も強調したい部分であったのだろう。だからこそ、Ａは「黒いようなもん」の衝撃が凝集されるはずの一群の先端部分にこだわった。

そして、Bもまた、最後までこの部分をより鮮明に描こうと努めていた。絵が完成へと向かう過程において、「黒いようなもん」の先端部分は少しずつより具体的な描写に変わっていったが、鮮明というまでにはあと数歩のステップが残されているようにみえた。

ここに高校生Bにおける「第二次的想起」の苦悩を読み取ることも、おそらく不可能ではない。だが、当時の記憶を言葉によって誠実に再構成しようとしたAのその語りのなかに図らずも浮上した淀みが、Aの言葉を頼りに誠実に反応しようとしたBの手による絵画のうちに反映したとも解釈できる。むろん、「黒いようなもん」の先端は、このことに関するAの記憶が薄れたがために描出困難であったわけではない。むしろ、事態はその逆といってよい。AとBにおける意識の次元では望まれてはいなかったであろう絵画上のこの淀みこそが、Aの記憶におけるこの光景の衝撃の忘れがたさを示しているように、私には思われた。(14)

(2) コミュニケーション的記憶の標し

ところで、この絵画には、描出が困難であったもう一つのことが見受けられた。それは、絵画全体のうちに挿入される当時の少女Aの姿であった。Aは、原爆投下の翌日、八月七日の夕刻に、ようやく自分が何も食事を取っていなかったことに気づいたという。そのことは、突然に生じたあの出来事の衝撃によって、Aの意識が自分へと向かい難くなっていたことを示唆している。それゆえ、「黒いようなもん」に遭遇したときの自分が何を着ていたか、また何を履いていたか、ということを想起することが、Aには困難であった。

少女Aの姿に関する記憶は、絵画制作に際して日常生活の想起や想像によって補われていった。当時の日常生活を思い起こしてみると、モンペのようなものであった可能性が高いであろうこと。爆風によって吹き飛ばされた状況を考えれば、着ていたものは汚れていたはずであろうこと。身なりに気を配る余裕などなかったことを考慮すると、髪も振り乱した状況であったかもしれないこと。想起と想像との中間辺りでＡの語りは紡がれた。その語りに従って、Ｂは大八車を引いて行く少女Ａの後ろ姿を描いた。そして、彼女の震える手の指先を示すことによって、「地獄」に迷い込んで茫然自失となったＡの心のうちを表現しようとした。

「黒いようなもん」の先頭に立つ人びとの表情が、証言者Ａによって目撃された光景の核心でありながら、絵画の次元で鮮明さを欠かざるをえなかった一つの記憶の淀みであったとすれば、その光景全体を眺めていた認識の中心としてのＡ自身は、この原爆の絵におけるもう一つの淀みであったといえる。それは、絵画を想起の主体としてみたときの表現上の空隙であったと言い換えられるかもしれない。そのような想起の空隙こそが、カタストロフィーに関する記憶への接近困難性を表しているように思われた。

「原爆の絵」完成披露会を数日後に控えた二〇一八年六月二九日の打ち合わせ会では、次のようなやりとりがあった。絵画は、すでにほぼ完成の状態にあった。

Ａ：はあ（・・・）できたねえ、できたねえ。
Ｂ：ふふ（（と微笑む））。
Ａ：できたねえ（・・・）もうほんとう。私、前からねえ、ここの絵だけねどうしてもねえ、だれかに描いてもらいたいと思ってたんよ。やっとやっと、希望が叶いました。
Ｂ：よかったです。
Ａ：はい。
Ｂ：ありがとうございます。
Ａ：ありがとうございました、ほんとうに。ねえ（・・）。（略）ここは私しかみてないんですよ。

ところで、少女Aの姿という空隙は、完成した油絵において思わぬかたちで埋め合わされている。描かれた少女の後ろ姿は、高校生Bのそれに限りなく似ている。Bに尋ねてみた。自らの容姿に近づけて描画しようとしたのか、と。その意識はまったくなかった、とBは答えた。すでに絵画を指導する教師や「原爆の絵」プロジェクトに参加する友人たちからも、同じ指摘はなされたらしい。Bは、彼ら彼女らからの指摘によって、ああそうなのだと初めて気がついたという。Aだけが心の奥底に長い間抱え込んでしまっていた「私しかみてない」光景。「原爆の絵」のなかでは、少女Aに重なり合うようにして、現代の少女がその光景に居合わせようとしていた。「第一次的想起」と「第二次的想起」が同一化したわけではなく、だからといって「第二次的想起」が恣意的に生み出されていったわけでもない。「原爆の絵」プロジェクトがなければ生じることのなかった関係性が、そこに目に見えるかたちで立ち現れていた。

6　リメディエーションによる文化的記憶への架橋――「おわりに」に代えて

本章では、「原爆の絵」プロジェクトにおける証言者Aおよび高校生Bの打ち合わせを中心として、〈語る／聴く〉行為と〈描く／観る〉行為との交錯が、語り手と描き手と絵画の間でどのような作用を及ぼしているかを検討した。本質的に語りがたい光景を描くためになされる証言者と高校生とのコミュニケーションが絵画を介して開かれていくこと。絵画が両者の間に置かれることによって非対称的対称性が生み出され、双方向の敬意が生じうること。さらには両者の「共同翻訳」的なコミュニケーションが絵画の表現活動に収斂すること。「原爆の絵」プロジェクトにおけるそのような特徴によって、厄災の記憶と向き合う一回性を帯びた営みが支えられているのではないか、ということが示唆された。ここに、カタストロフィーの教育がいかにして可能であるか、という問いに対する一つの回答をみることができるように思われる。むろん、他のペアを考察対象とした場合には今回とは異なった特徴が捉えられる可能性もある。したがって、同プロジェクト一般に関して述べるには、より多くの打ち合わせの観察が必要となってくるであろう。また、今回の調査では、美術教師の役割について検討することができなかった。今後の課題は少なくない。

原爆投下後、すでに七〇年以上が経過した。今後、「原爆の絵」プロジェクトによるコミュニケーション的記憶生成のような教育的試みは、時の経過とともにますます貴重かつ困難になる。そのような状況下において注目されるのは、近年、「原爆の絵」プロジェクトにおける絵画とその制作過程が、演劇、ドラマ、報道などを通じて再表象されていることである。演劇「あの夏の絵」（福山啓子作・演出、二〇一五年一二月、青年劇場スタジオ結において初演）、ドラマ「ふたりのキャンバス」（中澤香織脚本、熊野律時演出、NHK総合テレビ、二〇一七年八月一日中国地方放送、八月五日全国放送）、ドキュメンタリー「高校生が描く〝原爆の絵〟――ヒロシマ8・6ドラマ　ふたりのキャンバスの舞台裏」（NHK総合テレビ、二〇一七年七月一四日中国地方放送）、ドキュメンタリー「高校生が描く原爆の絵――一年の軌跡」（テレビ朝日系列「報道ステーション」内、二〇一七年八月四日放映）などをその具体的な事例として挙げることができる(15)。もはや本章の紙数はほぼ尽きているが、最後にこの点について検討するための若干の見通しを示したい。

語りから絵画への複層的なトランスレーションとしての「原爆の絵」プロジェクトがさらにパフォーマティブな芸術作品の形式へのトランスレーションへと連なっていく現象。それによって生じた作品は、なるほど一回性を帯びた実際の「原爆の絵」プロジェクトへの参入と同様の経験を視聴者に対して可能にしてくれるわけではない。ただ、とりわけ演劇の際に顕著であるように、作品との出会いもまた一回性を帯びる(16)。作品のうちに浮上するコミュニケーション的記憶を創る現場の再提示（表象 representation）がそれを観る者を触発し、それなしでは生じなかったであろういわば「第三次的想起」を生み出していく。コミュニケーション的記憶から文化的記憶へと架橋されていく現場がそこにある。「文化的記憶」とは、「コミュニケーション的記憶」と対をなしてアスマン夫妻が提起した概念であり、「ある社会における特殊な相互作用の枠組のなかで行為と体験を制御し、世代から世代へと反復して習得され伝習されていくあらゆる知の集合概念」（Assmann 1988: 9）を意味している。それは、儀礼や文化の空間的・時間的構造やさまざまな表象文化を通じていわば社会のうちに収蔵される記憶の次元であり（Assmann 1999）、したがって多様なメディアによる想起の促しも含むことになる。原爆投下の記憶に関していえば、そのような文化的記憶の次元における理論と実践が不可避的に求められる時代に突入しているといえる。

多様な媒介物が連動することによって想起の力動性が生じる現象は、メディア論においては「リメディエーション（remediation, Remedialisierung）」と呼ばれている。この概念は文化科学におけるメモリー・スタディーズにも導入され、「メディアの記憶」（Erll 2017: 160; Erll 2007）として主題化されている。[17] 教育学的にも、このリメディエーションという現象は重要性を帯びているだろう。「原爆の絵」プロジェクトに関していえば、それにかかわる一連のリメディエーションは、一方において、学校教育的な創作活動における個人的記憶と集合的記憶の相互作用の成果とみなされるが、他方において、そのような相互作用を促していく当のものでもある。コミュニケーション的記憶の時間的な限界を超えて個人的記憶と集合的記憶とを媒介する可能性が見出される有力なものの一つとして、そうしたリメディエーションは位置づけられるであろう。

「原爆の絵」プロジェクトを題材にしたドラマ「ふたりのキャンバス」では、その後半部分において、「原爆の絵」完成披露会の場面が挿入されている。原爆の絵を描いた高校生である柳井里保（小芝風花）が原爆体験を語ってくれた証言者である遠藤雄造（近藤正臣）に対して絵画の印象を尋ねたとき、ドラマは、「[この絵は私の]記憶とは違いますよ」と遠藤に語らせている。遠藤はさらに続けて次のように言う。「[記憶とは違うが]これでええんです」。この場面は、実際にある被爆証言者の発言をもとにして作られたのだという。

集合的記憶と想起文化に注目する文化科学者たちと同様に、この「メディアの記憶」は、カタストロフィーの記憶伝承がいわば〈直訳〉や〈複写〉といった喩えによっては十分に把握されえないことを主張している。また〈誤訳〉や〈誤記〉をともないつつ常にずれを生じさせながら、しかしそのようなメディアの仕掛けなしでは生起しえなかったであろう変容が、次世代のうちに生じるということに対する期待を、その主張は内包している。[18] たとえそれがあらゆる記憶変容を承認することに対する危うさへの懸念と裏腹のものでしかありえないとしても。そのような期待は、「原爆の絵」プロジェクトにおける語り手と描き手の間に、絵画と鑑賞者の間に、また同プロジェクトの実践とそれを主題化した諸メディアによる再表象の間に、さまざまなかたちで向けられるものである。[19]

注

（1） 小倉の研究成果を重要な契機として、演劇作品「あの夏の絵」（福山啓子作・演出、二〇一五年一二月、青年劇場スタジオ結において初演）が制作・上演された。岡原正幸らは、研究者が「参与する知」の媒介者となることを肯定しつつアートと研究とを交錯させて何ものかを生み出そうとする小倉の研究スタイルを「アートベース・リサーチ」の事例として位置づけている（岡原他 2016）。

（2） この問いは、災害と厄災に関する共同研究（山名・矢野 2017: i）を通して意識されたものである。本章は、具体的な事例に即して、この問題に取り組むことになる。

（3） メモリー・ペダゴジー構想については山名 2018を、またカタストロフィーの教育に関わるその萌芽的考察については山名・矢野 2017のとりわけ序章（山名 2017a）を参照。

（4） 詳しくは、理論的問題を扱う山名 2019を参照。

（5） 筆者は、以前より記憶空間としての広島／ヒロシマの特徴について検討を試みてきた（Yamana 2001, 山名 2003, Yamana

2016, 山名 2017b, Yamana 2018)。つまり、「コミュニケーション的記憶」よりは「文化的記憶」の方に、「集合的記憶」の「生命・心理的な次元」よりは「社会・文化的な次元」の方に関心を寄せてきたといえる。考察を重ねていくなかで、それらと密接に関連している「コミュニケーション的記憶」や「生命・心理的な次元」における「集合的記憶」が、次第に視界のうちに入り込んでくるようになった。

打ち合わせ会の観察に際しては、ビデオカメラは使用しなかった（撮影行為そのものがフィールドに過剰な負担を生じさせることを回避するため）。ただし、打ち合わせ会の様子については、被爆証言者および高校生をはじめとする関係者の許可を得たうえで、対話への影響がきわめて小さいと判断された場合に、デジタルカメラで一度につき数回の撮影を行った。観察時に筆記記録を作成したが、それを補完するために、関係者の許可を得てＩＣレコーダーによる録音を行い、あとで文字起こしを施した。観察に際しては、観察者の存在が打ち合わせ会の雰囲気や内容に影響を与えないように極力努め、空間上周辺的な位置に身を置いた。被爆証言者と高校生にとって観察者が特別な存在として意識されないようにするためにも、打ち合わせ会開始までの数分間は歓談に参加させていただいたが、対話が始まった時点で会話への参加を控えた。収集したデータについて分析・解釈を施した後、被爆証言者および高校関係者によるメンバー・チェックを経て拙稿（暫定版）を加筆修正した。なお、必要に応じて、打ち合わせ会の時間外に、被爆証言者と高校生に対して半構造化インタビューを行った。これらの調査を行う方法に関しては、能智 2016を参照した。

（6）証言者Ａと高校生Ｂが打ち合わせ会の機会をもったのは、二〇一七年七月二五日、八月一六日、一〇月二七日、一一月六日、一一月二五日、一二月一五日、二〇一八年一月二六日、四月二三日、五月一四日、六月一一日、六月二九日であった。二〇一八年七月二日には、基町高校で「原爆の絵」披露会が開催された。

（7）「原爆の絵」プロジェクトに関して、志賀賢治氏（広島平和記念資料館館長、二〇一五年一一月二七日、二〇一八年三月九日）、橋本一貫氏（基町高校教諭、二〇一七年五月一日）、福本弥生氏（基町高校美術科講師、二〇一七年五月一日）、高校生Ｂの保護者（二〇一八年五月一八日）、福山啓子氏（青年劇場作家、戯曲『あの夏の絵』、二〇一七年一一月二八日）から聞き取り調査を行った。二〇一七年七月四日に基町高校で開催された「原爆の絵画完成披露会」、そして同年八月一二日および一三日にＪＭＳアステールプラザで催された「高校生が描いたヒロシマ　原爆の絵画展」に参加し、絵画を鑑賞すると同時に、高校生が自分の描いた絵を前にして作品制作への思いを語る「ギャラリートーク」に参加し、数名の高校生に聞き取り調査を行った。同様の聞き取り調査は、二〇一八年八月六日および七日に広島国際会議場で開催された「原爆の絵画展」においても実施した。なお、二〇一七年八月一二日の絵画展では、基町高校における「原爆の絵」の試みに焦点を当てたドラマ「ふたりのキャンバス」制作者である熊野律時氏（NHK広島放送局放送部番組制作ディレクター）が同絵画展を訪問されており、ドラマ制作に関する話を伺うことができた。また二〇一八年八月七日の絵画展では、「原爆の絵」プロジェクトに注目する社会学者である先述の小倉康嗣氏にも偶然お目にかかることができ、ご自身の研究に関する情報を提供していただいた。研究調査の過程で非常に多くの方々にお世話になった。この場を借りて心より御礼申し上げたい。有り難うございました。

（8）証言者Aは被爆体験について長い間口を閉ざした理由として、うしろめたさを挙げている。「でもまだまだね、ひどい体験しておられる人があるんですよ。だから私も生きているうしろめたさがあって、だから、もう原爆のことなんか全然、高校の時なんか全然、誰も言わなかった」（二〇一七年一一月二五日のインタビュー調査より）。当日、Aが体調を崩していなければ参加するはずであった建物疎開の現場では、多くの命が奪われた。また、親族をはじめとする多くの身近な人たちが犠牲となった。そうしたなかで生き残った自分には語る資格がないと感じてきたという。そのような話題に及ぶと、Aはときおり言葉に詰まり、涙ぐむこともあったが、しばらくして気を取り直し、再びしっかりした口調で語った。Aによれば、亡くなった人たちにかわって語らなければ、という気持ちが今の証言活動を支えているという。聴き手の方に悼みの念がおのずと生じるのは、その証言の向こう側にまだ語られえないものがあるということが想像される瞬間である。

（9）本章では、打ち合わせ会におけるやりとりの文字起こしに関する記号として、以下を用いる。「（・）」は沈黙の時間を表しており、「・」がおおむね1秒程度の長さを意味している。「（略）」は、話の前後が繋がっていると判断され、なおかつその部分を省略しうると筆者が判断した場合に用いられる。「（（　））」は筆者による補足であり、会話の文字起こしでは示しえない話者の様子などを示している。「［　］」もまた筆者による補足であるが、発言における意味内容に省略があったとおぼしき箇所で言葉を補うものである。「＝」は、話が終わった直後からすぐに次の会話が続いていることを示している。

（10）高校生Bもまた広島県出身で、小・中学校での平和教育に関心を強くもって学習を積み重ねてきたが、「原爆の絵」プロジェクトにおける被爆証言者の証言の内容は「初めて聞くことがほとんど」であったと驚きを隠さなかった。また、ある高校生は、祖父母から原爆の話を聴くことがあるが、どこか歴史の物語のように感じていたという。同プロジェクトに参加して、証言者の話がもっと切実かつリアルに感じたと述べている。他の高校生もまた、これまで証言を聞く機会はたくさんあったが、一対一で話したとき「ただの物語じゃなくて」実際はもっとひどかったのだと感じたという。別の高校生の感想によれば、同プロジェクトにおける被爆証言者の証言で得られたことに比べると「今までに得た情報はちっぽけなもの」であった。

(11) このことは「原爆の絵」プロジェクトに関してのみならず、カタストロフィーの証言一般にも妥当する。直野章子が強調しているとおり、「トラウマ体験の証言に耳を傾けることは、たとえ訓練を受けた専門家であったとしても、苦痛を伴う」(直野 2015: 214)。

(12) 高校生とともに、証言者もまた絵画によって保護されているかもしれない。ある証言者は、高校生による絵画の制作を死者の冥福を祈る行為とみなしている。絵画制作のパートナーであった高校生も、証言者に「犠牲者の供養のために描き上げて」とお願いされたと述懐している。

(13) ここで念頭に置かれているのは、「トランスレーショナル・ターン」(Bachmann-Medick 2007) 以降の文化科学におけるトランスレーション概念である。それは、言語やテクストに関連する〈翻訳〉を原義としつつ、さらにそれを敷衍して広く文化一般の営みとしてしばしば理解され、さまざまな次元において「境界線を越え」ようとする際に試みられる多様な置き換えの企てである。この場合、トランスレーションとは、本来的に置き換え困難(もしくは不可能)なものの置き換えの企てであり、必然的に、不確かさ、不可解さ、不安定さが感知され、戸惑いを伴いうる。トランスレーションは、自己と他者の相互の理解と誤解、関係性の構築と解体、アイデンティティーの形成とその動揺の間に位置している。文化科学におけるトランスレーション(Übersetzung/Über-Setzung) 概念を中心に置いて「原爆の絵」プロジェクトを検討したYamana 2019を参照。ベンヤミンによる翻訳の哲学などを意識しつつ異世間の記憶伝承を考察することの可能性を追究した吉田 2018、また「社会正義」という主題との関連で翻訳概念の人間形成論的な意義を検討した齋藤・スタンディッシュ・今井 2018も参照。

(14) 打ち合わせ会の観察を重ねていくなかで、観察者としての私もまた「第二次的想起」を行っていたことを、次第に自覚するようになった。「黒いようなもん」に対する私の「第二次的想起」は及ばず、たとえば丸木位里・俊が描く「原爆の図」によってそれを置き換えて想像するほかはなかった。丸木夫妻は、その「第5部　少年少女」において、建物疎開の際に犠牲となった子どもたちを描いている。それは、少女Aが居合わせなかった光景であり、また少女Aがいたかもしれない光景でもあった。私の「第二次的想起」においては、あのとき少女Aが遭遇した「黒いようなもん」は、旧友たちであり、またありえたかもしれない少女A自身でもあった。丸木夫妻は、一瞬にして命を奪われた少年少女たちが折り重なって横たわる姿を無傷のものとして描いた。その労りのベールの向こう側に「地獄」が透けてみえる。

(15) 興味深いことに、演劇「あの夏の絵」ができあがるまでの過程において、「参与する知」の生成に研究者としての活動の積極的な意味を見出す先述の小倉がかかわっている。このことに関する小倉自身による言及については、小倉 2017を参照。

(16) 岡原らは、「あの夏の絵」を事例として、「原爆の絵」プロジェクトをモチーフとした作品制作、研究者による論文制作、また作品鑑賞が、より広い文脈において被爆証言をめぐる一連の知の協同生成の一部をなす、というアートベース・リサーチの立地点からの解釈を提示している(岡原他 2016: 74f.)。

(17) メディア論における「リメディエーション」は、「新たなメディアがそれに先立つメディアを新たに再生していく際の形式論理」(Bolter/Grusin 1999: 273) として定義される。

(18) ニクラス・ルーマンによれば、記憶は、先行する観察の結果が凝固してしまうことによって、システムの自己阻害が生じてしまうことを防止する機能を有するという(Luhmann 1997=2009: 654f.)。彼は、そのような機能を「再充塡(レインプレクニールンク)」と呼んでいる。カタストロフィーの教育は、個人を超えた次元においてそのような意味での記憶の機能を必要とする。

(19) ここで、私たちは、本考察においてあえて括弧にくってきた政治的なるものや倫理的なるものに関する問題に引き戻されるのかもしれない。アライダ・アスマンの論調は、(本考察において理論的な基盤としたエアルの概念整理とは異なって)「集合的記憶」と「文化的記憶」を区別したうえで、前者(政治的であり、より感性的、受動的な側面を有しており、状況に制約される特徴を有するものとして特徴づけられる)に対する後者(倫理的であり、より理性的であり、反省的であり、また多声性への配慮がなされるものとして特徴づけられる)の優位を主張する傾向を有している。だが、その基本的な構造や機能からすれば、両者はほぼ同根のものではないか。この同根の部分に入り交じる政治的なものと倫理的なものをさらに検討することが求められる。

引用・参考文献

Assmann, A., *Erinnerungsräume. Formen und Wandlungen des kulturellen Gedächtnisses*, München: Beck, 1999（=安川晴基訳『想起の空間——文化的記憶の形態と変遷』水声社、二〇〇七年）.

Assmann, A./Assmann, J., »Das Gestern im Heute. Medien und soziales Gedächtnis«, Merten, K. u.a.（Hg.）, *Die Wirklichkeit der Medien. Eine Einführung in die Kommunikationswissenschaft*, Opladen: Westdeutscher Verlag, 1994, S.114-140.

Assmann, J., Kollektives Gedächtnis und kulturelle Identität, Ders./Hölscher, T.（Hg.）, *Kultur und Gedächtnis*, Frankfurt a.M.: Suhrkamp, 1988, S.9-19.

Bachmann-Medick, D., *Cultural Turns. Neuorientierungen in den Kulturwissenschaften*. Hamburg: Rowohlt Taschenbuch Verlag, 2007.

Bolter, J. D. /Grusin, R.（eds.）, *Remediation: Understanding New Media*. Cambridge, MA: MIT Press, 1999.

Erll, A., *Prämediation – Remediation. Repräsentation des indischen Aufstands in imperialen und post-kolonialen Medienkulturen*（*von 1857 bis zur Gegenwart*）, Trier: WVT Wissenschaftlicher Verlag Trier, 2007.

Erll, A., *Kollektives Gedächtnis und Erinnerungskulturen. Eine Einführung*, 3. Aktualisierte und erweiterte Aufl., Stuttgart: J.B. Mezler Verlag, 2017.

Esposit, E., *Soziales Vergessen. Formen und Medien des Gedächtnisses der Gesellschaft*. Frankfurt a.M.: Suhrkamp Verlag, 2002.

福山啓子「あの夏の絵」全日本リアリズム演劇会議編『演劇会議』第一五四号、二〇一七年、四四—七〇頁。

Halbwachs, M., *Das kollektive Gedächtnis*. Frankfurt a. M.: Fischer, 1991〔orig.: *La mémoire collective*. Paris: Presses universitaires de France, 1950〕（=小関藤一郎訳『集合的記憶』行路社、一九八九年）.

平田仁胤「戦後日本における被爆体験の継承可能性——若者世代にとっての被爆証言=平和教育のリアリティ」『日本オーラルヒストリー研究』第八号、二〇一二年、一〇九—一二四頁。

広島平和記念資料館編『原爆の絵——ヒロシマを伝える』岩波書店、二〇〇七年。

Hiroshima Peace Memorial Museum/Hiroshima Municipal Senior High School, *2007-2016 Atomic Bomb Drawings*, 2017.

広島市現代美術館『制作委託　テーマ・ヒロシマ50』凸版印刷株式会社、一九九七年。

広島市立基町高等学校編『桐茂る（創立五〇周年記念誌学校編）』ぎょうせい、一九九九年。

広島市立基町高等学校編『桐茂る（創立六〇周年想像表現コース開設一〇周年）』ぎょうせい、二〇〇九年。

広島市立基町高等学校編『原爆の絵　Atomic Bomb Drawings 2015』広島市立基町高等学校、二〇一六年。

広島市立基町高等学校編『原爆の絵　Atomic Bomb Drawings 2016』広島市立基町高等学校、二〇一七年。

今井康雄編『教育空間におけるモノとメディア――その経験的・歴史的・理論的研究』（科研報告書基盤研究(B)15H03478）、二〇一八年。

Luhmann. N., *Soziale Systeme*, Frankfurt a.M.: Suhr Kamp Verlag, 1984（＝佐藤勉訳『社会システム理論』上・下、恒星社厚生閣、一九九三・九五年）.

Luhmann. N., *Die Gesellschaft der Gesellschaft*, 2 Bde, Frankfurt a.M.: Suhrkamp Verlag, 1997（＝馬場靖雄他訳『社会の社会』第一・二巻、法政大学出版局、二〇〇九年）.

直野章子『「原爆の絵」と出会う――込められた想いに耳を澄まして』岩波書店、二〇〇四年。

直野章子『原爆体験と戦後日本――記憶の形成と継承』岩波書店、二〇一五年。

能智正博『質的研究法（臨床心理学を学ぶ6）』東京大学出版会、二〇一六年（初版は二〇一一年）。

小倉康嗣「被爆体験をめぐる調査表現とポジショナリティ――なんのために、どのように表現するのか」浜日出夫・有末賢・竹村英樹編『被爆者調査を読む――ヒロシマ・ナガサキの継承』慶応義塾大学出版会、二〇一三年、二〇七―二五四頁。

小倉康嗣「参与する知を仕掛けていくパフォーマティブな調査表現――関わりの構築へ」『社会と調査』第一九号、二〇一七年、四四―五五頁。

岡原正幸他「アートベース・リサーチ：社会学としての位置づけ」『三田社会学』第二一号、二〇一六年、六五―七九頁。

Olick, J. K., »Collective Memory. The Two Cultures«, *Sociological Theory* 17 (3), 1999, pp.333-348.

長田新『原爆の子――ヒロシマの少年少女のうったえ』岩波書店、一九五一年。

齋藤直子・スタンディッシュ、P・今井康雄編『〈翻訳〉のさなかにある社会正義』東京大学出版会、二〇一八年。

Santner, E. L., Histroy beyond the Pleasure Principle: Some Thoughts on the Representation of Trauma. In: Friedlander, S.（eds.）, *Probing the Limits of Representation: Nazism and the "Final Solution"*, Cambridge/Massachusets: Harvard University Press, 1992, pp.143-154.

酒井直樹『日本思想という問題――翻訳と主体』岩波書店、一九九七年。

八木良広「被爆者の現実をいかに認識するか？――体験者と非体験者との間の境界線をめぐって」浜日出夫編『戦後日本における市民意識の形成』慶應義塾大学出版会、二〇〇八年、一五九―一八六頁。

Yamana,J., Behält Hiroshima den Zweiten Weltkrieg im Gedächtnis？Zur Raumanalyse des Friedensparks in Hiroshima, *Jahrbuch für Historische Bildungsforschung*, Bd.7, 2001, S.305-327.

山名淳「記憶空間の戦後と教育――広島平和記念公園について」森田尚人他編『教育と政治――戦後教育史を読みなおす』勁草書房、二〇〇三年、二三二―二四九頁。

Yamana, J., Günther Anders in Hiroshima, Wigger, L./Platzer, B./Buenger, C.（Hrsg.）, *Nach Fukushima? Zur erziehungs- und bildungstheoretischen Reflexion atomarer Katastrophen.: Internationale Perspektiven*, Bad Heilbrunn: Julius Klinkhardt Verlag, 2016, S.141-150.

山名淳「災害と厄災の記憶に教育がふれるとき」山名淳・矢野智司編『災害と厄災の記憶を伝える――教育学は何ができるのか』勁草書房、二〇一七年a、一―二八頁。

山名淳「広島のアンダース――哲学者の思考に内在する文化的記憶論と〈不安の子ども〉」山名淳・矢野智司編『災害と厄災の記憶を伝える――教育学は何ができるのか』勁草書房、二〇一七年b、一二〇―一四七頁。

山名淳・矢野智司編『災害と厄災の記憶を伝える――教育学は何ができるのか』勁草書房、二〇一七年。

Yamana, J., Hiroshima als architektonischer Raum der Erinnerung, *Jahrbuch für Historische Bildungsforschung*, Bd. 22, 2018, S.61-79.

Yamana, J., Übersetzung im kommunikativen und kulturellen Gedächtnis: Zur Interpretation des pädagogischen Projektes „Gemälde der Atombombe " in Hiroshima, Nikolas, E./Köngeter, S.（Hrsg.）, *Übersetzung: Über die Möglichkeit, Pädagogik anders zu denken*, Berlin: Springer Verlag, 2019 (in Print).

山名淳「記憶の制度としての教育―メモリー・ペダゴジーの方へ」森田尚人・松浦良充編『いま、教育と教育学を問い直す――教育哲学は何を究明し、何を展望するか』東信堂、二〇一九年、一八三―二〇九頁。

Yoneyama, L., *Hiroshima Traces: Time, Space and the Dialectics of Memory*. Berkeley. Los Angeles and London: University of California Press, 1999（＝米山リサ『広島――記憶のポリティクス』小沢弘明・小沢祥子・小田島勝浩訳、岩波書店、二〇〇五年）.

吉田直子「記憶論と翻訳論のあいだ――『他者の記憶を翻訳する』ための試論」東京大学大学院教育学研究科基礎教育学研究室編『研究室紀要』第四四号、二〇一八年、二一九―二二七頁。

第五章　「思える」の中動態と表現
——体性感覚・自己受容［固有］感覚を足掛りにして

森田亜紀

はじめに

国会で答弁する閣僚や官僚の言葉に、そらぞらしさを覚えることが少なくない。本当にそう思ってしゃべっているのか、自分自身にちゃんとそう思えているのか——言葉のうえでのつじつま合わせにしか見えないし聞こえない。同じようなそらぞらしさは、芸術学部の講評会で学生が「〜を表現しました」「〜を意図しました」と作品のコンセプトを語る際にも、しばしば感じてきた。「表現しました」と言うが、本当に当人にそう見えているのか、その意図を実現するために具体的に何をどうしてどうできたのか——「表現」や「意図」は単に言葉だけで、実際の作品やそれを制作する行為にそぐわない。

言葉が粗末にされているように思う。語る人が都合に合わせて並べて見せる言葉。語る当人に内側からそう思えているかどうか（納得できているかどうか）に関係なく、語る人の外側で、与えられた用語が破綻なく結合していればいいというような言葉。そういう言葉に「言葉が粗末にされている」と違和感が感じられるとすれば、われわれにとって、言葉は単に操作すればいいだけの道具ではないし、情報を合理的に伝達する単なる手段ではないことになるだろう。

高校の数学で数学的帰納法というものを習った。自然数に関する命題P(n)が全ての自然数に対して成立することを証明するために、まず$P(1)$が成り立つことを示し、次に任意の自然数kに対して$P(k)$が成り立つと仮定したときに$P(k+1)$が成り立つことを証明する、という証明の仕方である。例題を示すと

（問）nが自然数のとき、$1+2+3+\cdots+n-1+n=\frac{1}{2}n(n+1)$ を証明せよ。

まず、$n=1$のとき、この等式が成り立つことを証明する。両辺ともに1になり、この式は成立する。次に$n=k$（kは任意の自然数）のときにこの式が成立すると仮定したとき、すなわち $1+2+3+\cdots+k-1+k=\frac{1}{2}k(k+1)$①が成立しているとするとき、$n=k+2$を代入した等式の左辺は$1+2+3+\cdots+k+k+1=\frac{1}{2}k(k+1)+k+1$（∵①）$=(\frac{1}{2}k+1)(k+1)=\frac{1}{2}(k+1)(k+2)$で、右辺と一致する。数学的帰納法により、これで与えられた等式の証明がなされたことになる。理論的にこれで証明が成り立つことは理解できたが、どうもすっきりしなかった。証明の操作が終了しても、何か置いていかれたような、だまされたような気分で、命題が成立することそれ自体について、どうもそうだと思えなかったのである。数式や論理が理解できないわけではない。理論の筋道が辿れて結論に到達し、与えられた命題が成立すると判断できても、実感がわかなかった、腑におちなかったと言えばいいだろうか。私がどう思おうと、私にどう思えようと、命題は、私と関係なく、私の外部の理論的整合性《つじつま》のみで成立する。

これに対して例えば絵を見るときや小説を読むときには、そこに表現される世界について「そうだ」と思うことができる。そう思えるのである。現実には画布の上の絵具の配置でしかなく、文字で表記された単語の連なりでしかないものに、（そうでしかないということがわかったうえで）それ以上の何か——深山幽谷の気韻や、家庭の不和を抱えながら日々はたらき暮らす工員の姿——が感じられる。現実世界の「ある」とは違った「ある」が、別の次元に「ある」と思える。制作者がいくら「表現しました」と説明しても、批評家がどれだけ分析評価しても、そう思えなかったら芸術体験は成り立たない。数学の証明とは異なり、芸術体験においては、「そう思える」ということが

必須の条件である。[1]各人の「そう思える」を組み込んで、芸術は成立する。

数学の証明と芸術、両者の違いを意識するとき、われわれの言葉は、数学の証明に用いられる記号や論理と単純に同一視できないことに気づかされる。語る人や書く人にそう思えている何ごとかを言葉は背負い、聞く人読む人は自分にそう思える何ごとかを言葉に見つける――言葉がもつこの側面を無視することはできない。本章は、言葉を含む「表現」[2]を、「思える」ということを軸に考えようとする試みである。それは、われわれが違和感を感じるような言葉の使われ方、「空疎」「貧しい」と感じられる言葉を、深いところから問い直すことにもつながるはずだ。

1　非措定的な自己関与

われわれは、「思える」と「思う」を区別している。「(私に)そう思える」は、「私はそう思う」と同じではない。「思う」の主語は「私」であるが、「思える」の主語は「私」ではなく、そもそも主語にあたる何かが見当たらない。私は「主体的・能動的」に「そう思おう」とすることができるが、だからといって「そう思える」ようになるかどうかはわからない。[3]「思える」は、私の意志を超えている。だからと言って、外部の力によって「受動的」に「そう思わされている」わけではない。私において「思える」ということがどこからともなく生じ、その出来事に私は巻き込まれている。「思える」は、中動態の事態と捉えなければならない。[4]

「私はそう思う」という言葉が、口先だけでなく語る人の体験に呼応するものであるためには、「そう思う」の前に「そう思える」が生じているのでなければならない。思えなかったら思うは成り立たない。元々の「そう思える」の体験が、ふりかえって「私はそう思う」と言い換えられる。言い換えることができる。「私はそう思う」は、別の場所から自分自身を眺め、「私」と対象化し、「誰々はそう思う」と第三者について語るのと同じかたちに言い換えた言い方とも考えられる。事後的に「私は思う」と対象化される私は、「思える」という元の事態においてまだ対象化されていない。「私」は措定されていない。

精神病理学者の長井真理は『内省の構造』（1991）において、分裂病（現在は統合失調症と言い換えられている）患者に見られる「内省の亢進」――例えば患者は「絶えず自分が自分を見ている」などと訴える――について考察している。その「内省」は、通常の事後的内省とは区別される同時的内省であると長井は言う。すなわち、通常の内省が自分自身を後からふりかえって対象化し、どうであったか観察し規定することであるのに対し、患者の同時的内省は、みることが同時にみられることでもあるような今の瞬間の事態であって、自分自身についてどうであるかというような内容的規定も与えないというのである。通常の内省が自分自身を事後的に対象化した主体－客体（対象）の構造をとるのに対し、患者の同時的内省には主体－客体関係が成立していない（長井 1991: 186–191）。長井はそれを「非措定的・非対象的な自己への関与（Selbstbezug）」と捉え、デカルトのコギトと結びつけて考察している。

> デカルトのいうコギトは、単なる能動的な「私は思う」ではなく、私のさまざまな（能動的あるいは受動的様態の）行為――感覚すること、思惟すること、想像することなどなど――に伴う「…と思われる、と見える」を意味している。「…いま私は光を見、騒音を聞き、熱を感じる。これらは虚偽である、私は眠っているのだから、といえるかもしれない。けれども私には確かに見えると思われ、聞くと思われ、熱を感じると思われるのである。これは虚偽ではありえない。」（略）この「…と思われる、と見える」を意味するラテン語の videor の態は、形式的には受動態であるが、元々は中動態に由来している。（長井 1991: 193）

長井はデカルトのコギト――私や世界、主体や客体の明証性を支えるはたらき――に中動態の自己関与を見てとる。何かが何かであること（世界が世界であること、私が私であること）が成立するためには、「…と思われる、と見える」

という中動態の自己関与が成立しているのでなければならないということだ。この自己関与は、デカルトが方法的懐疑の末に到達したことからもわかるように、通常はいつもすでに成立しており隠蔽されていると長井は言う。ここで言われる隠蔽とは、対象（対象化された自己も含む）の明証性成立のために非措定的・非対象的自己関与がはたらいており、はたらいているさなかのそのはたらき自身は対象化されないということと理解できるだろう。患者において亢進しているのは、このようなデカルト的コギトの構造をもつ自己関与、ふだんは隠蔽されている中動態の自己関与であると長井は理解する。長井の議論を参照すれば、われわれの問題とする中動態の「思える」は、デカルトのコギトともつながるような非措定的・非対象的な自己関与とみなすことができるだろう。

長井も触れているが、サルトルJean-Paul Sartreのいう「自己（についての）非措定的意識 la conscience non positionnelle（de）soi」にも類似の構造が見てとれる。サルトルにとって、意識は関係である。すなわち、意識は常に自らの外部の何かを対象としてそれと関わるはたらき、何かについての意識である。しかし他方で意識は事後的に自らを反省し、例えば何かを想像していたとか知覚していたとか意識することができる（そのとき意識は、知覚意識や想像意識を対象とする「意識についての意識」である）。それが可能である以上、意識は外部の何かを対象とするその何かについての意識であるだけでなく、「それ自身についての内在的で非措定的な意識を含んでいるのでなければならない」（Sartre 1940: 30＝1965: 26）。サルトルは、自己についての非措定的意識のあり方を、自己を対象とする反省的意識のあり方と区別する。自己についての反省的意識は、自己についての非措定的意識（それは外部に向かう措定的意識に「内在する」）を前提としたうえで、それをいわば事後的に対象として措定する意識、すなわち自己を対象として外部に措定する措定的意識の一種である。それに対して非措定的自己意識の「自己soi」は、意識の対象ではない。それゆえサルトルは「自己について de soi」の de（について）を「（de）soi」とカッコに入れるのである。自己についての非措定的意識は、自己を対象とする意識の手前の、主‐客関係とは別の仕方の自己（？）との関わり（?）、ということになろう。サルトルのいう「自己（についての）非措定的意識」も、非措定的・非対象的な自己関与と理解することができる。(5)

2　身体における非措定的自己関与と体性感覚・自己受容［固有］感覚

デカルトやサルトルや長井が意識のレベルに見出した非措定的・非対象的な自己関与は、身体のレベルに掘り下げることができる。

中動態の研究者であるスーザン・ケマーSuzanne Kemmerは、さまざまな言語に共通して中動態で表される事態の一つとして、「身体動作の中動 body action middle」を挙げている。「身体動作」とは、身だしなみやボディ・ケア、姿勢を変える動作、移動のない運動、移動のある運動の総称である。これらの動作は「自分自身の身体に、あるいは自分自身の身体を通して遂行される動作 actions carried out on or through one's body」とされる（Kemmer 1993: 53）。ケマーは、この種の身体動作が再帰態と区別される中動態で表されるということに注目し、そのことから中動態の意味論的特徴を導き出す。「自分を見る」「自分をたたく」というような動作は多く再帰態で表現される。「自分をたたく」ことにおいてたたくこととたたかれることとは、手で顔をたたくというように同一身体の別の部分にふり分けられる。その点において、再帰態は他の実体を見たりたたいたりするのと同じように自分自身を対象とするはたらきかけ、いわば自分自身を目的語とする能動態とみなしうる。これに対して中動態で表されるような身体動作においては、他の実体にはたらきかけるのと同じように自分にはたらきかけるのではない。例えば「しゃがむ」というような姿勢変化の動作において、はたらきかける部分とはたらきかけられる部分は身体で区別できない。はたらき（かけ）は身体から発して身体に及び、身体内部に変化が生じる。これに対し身体内部に変化が生じない動作は、自動詞であらわされることが多いという。ケマーは動詞で表される出来事に関与するもの（participant）が、能動態では二（主語＝主体、目的語＝対象）、再帰態では二に分割された一、自動詞で一と整理したうえで、中動態を再帰態と自動詞のあいだに位置づける（Kemmer 1993: 73）。ケマーの考察からわれわれは、中動態で表される出来事に、純粋な一ではなく、二でもなく、一が二に分割されているのでもない、（何かと何かのあいだとは言えない）あいだの（ずれともいえない微妙な）ずれをみてとることができる。ケマーが身体動作の中動態に見たのは（彼女はそこから中動態一般の意味論的特徴を考察する）、われわれがさきに見た非措定的・非対象的自己関与と考えてよいだろう。それが身体レベルに見出されることに、ここで注目しておきたい。

神経科学は、「体性感覚 somatic sense」「自己受容感覚あるいは固有感覚 proprioception」「運動感覚 kinesthesia」などと呼ばれる或る種の感覚をみとめている。これら三つの語は、しばしば同義に使われるという（『新編 感覚・知覚心理学ハンドブック』1994: 1185）。先回りして言えば、この種の感覚のはたらきが、中動態で表されるべき非措定的・非対象的自己関与ではないかというのが、われわれの見通しである。[6]

近代生理学の祖と言われるシェリントン Sir Charles Sherrington は、感覚器を、外部から受ける刺激を受容する外受容器（exteroceptor）と、刺激源が内部にある内受容器（interoceptor）とに区別し、内受容器のうち筋・腱・関節および前庭にあって身体の動きによって刺激される受容器[7]を自己受容［固有］感覚受容器（proprioceptor）として、その活動によって生じる感覚を「自己受容［固有］感覚」とした（Sherrington 1906／岩村 2001: 30-31）。これは、身体の運動によって身体内部に生じる感覚ということになる。また「体性感覚」とは、現代生理学において、かつての触覚の位置を占める感覚とされるが、皮膚感覚に加え、筋・腱・関節などの運動器官に起こる感覚（深部感覚）も含むかたちで捉えられている（岩村 2001: 5）。シェリントンは皮膚感覚を外部からの刺激を受容する外部感覚に分類したが、今日、皮膚には外部刺激の受容器だけではなく身体の動きからの刺激に反応する受容器（シェリントンの言う自己受容［固有］感覚受容器）の存在もみとめられている（岩村 2001: 38）。「体性感覚」（深部感覚＋皮膚感覚）にも、身体の動きによってその身体に生じる感覚という側面が大きく、その面において「自己受容［固有］感覚」と重なると考えられる。さらにその重なりは、身体の動きによってその身体に生じるという点において、「運動感覚」という言い方にもむすびつく。ここにわれわれは、はたらく身体それ自身のあり方を感知するはたらきを見てとることができるだろう。

体性感覚・自己受容［固有］感覚と言われる感覚はどのように体験されるのか。一九二五年の出版ではあるが、カッツ David Katz の『触覚の世界 *Der Aufbau der Tastwelt*』に、触覚を視覚と比較して特徴づける現象学的考察がある。視覚において例えば色現象は、「いつも客観化という特徴をもち、自分の外側の空間に投影される」（Katz 1925: 18＝2003: 13）。すなわちひとは、例えば色を身体外部のどこかに見る。残像のように眼の状態から生じる現象でも、自分の身体の状態としてではなく、外側に存在する像、対象として見る。それに対して触現象においては自分の外側に何か（対象）が感知されるだけでなく、触れている（＝触れられている）自分の身体の状態も感知される。カッツは前者を「客観的触感覚」、後者を「主観的触感覚」として、触現象が「両極的 bipolar」であると指摘する（Katz 1925: 19＝2003: 14）。この指摘は、皮膚に外部刺激の受容器だけでなく身体の動きからの刺激に反応する受容器の存在もみとめる神経科学の知見にも呼応するだろう。カッツのいう「主観的触覚」は、さきに見た体性感覚・自己受容［固有］感覚と重ねることができる。そしてここから振り返ると、自己受容［固有］感覚は、外部に対象を措定するはたらきとは別の、自己の身体の状態をいわば内的に感知するはたらきだということになる。「自己の身体の状態」は、外部の対象とは別の仕方で感知される。すなわち、外部の空間に投影され、そこに位置づけられるようにして捉えられるのではない。もちろん、自己の身体を外部の対象と同じ仕方で感知すること——例えば手で自分の耳朶に触れ、その柔らかさを搗き立ての餅に例える——も可能である。しかしここで問題にしたいのは、触れつつある（＝

触れられつつある）手において触れつつある（＝触れられつつある）ことを感知する、というあり方である。これは、自分自身を対象と措定する再帰とは別の自己関与、すなわち非対象的・非措定的な中動態の自己関与と考えられる。〈はたらく身体それ自身のあり方をそのはたらきにおいて感じるはたらき〉と言ってもよいだろう。われわれは身体レベルに、体性感覚・自己受容［固有］感覚という非対象的・非措定的自己関与を見ることができるわけだ。

神経科学や認知科学は、近年、視覚を代表とするいわゆる「外受容感覚」についても、アクティブ・タッチ、アクティヴ・ヴィジョンなど、手や眼球などの運動の関与を認め、感覚受容器だけではなく運動器官も含めた「系《システム》」（視覚系、触覚系など）としての把握へ向かってきた。(8) 外的対象の知覚に、対象に応じて身体が動くその動きが関与している以上、そこには運動の制御が必要であり、体性感覚、自己受容［固有］感覚もはたらいている（岩村 2001: 18）。われわれは対象を外部に措定する知覚体験にも、体性感覚、自己受容［固有］感覚の非対象的・非措定的自己関与の裏打ちを想定できるだろう。

3　姿勢と表現

身体が、諸器官の足し算としてではなく、まとまった一つのシステムとして、一つの系としてはたらいていることが、さまざまな研究によって明らかにされている。(9) ひとは例えば「身体図式」という語でそれを語ってきた。現代の神経科学は、自己受容［固有］感覚と視覚や聴覚の統合、運動における自己受容［固有］感覚の役割など、自己受容［固有］感覚と他のさまざまな神経機構との関係を細かく研究している（岩村 2001; 酒田 2006）。自己受容［固有］感覚は、身体というシステムのまとまりにおいてはたらいている。

メルロ＝ポンティ Maurice Merleau-Ponty は『知覚の現象学 *Phénoménologie de la perception*』（1945）において、

認識される身体と区別される「生きられる身体」として、「自己の〔固有〕身体 le corp propre」[10]の現象学的記述を行っている。

> 私は外部の諸対象を動かすのに、私自身の身体の助けを借り、対象を或る場所で捉えて別の場所まで運ぶ。しかし自分の身体の方は、直接に動かす。客観的（＝対象的）空間の或る点に身体を見出し別の点までもっていくのではない。私は身体を探す必要がない、身体はすでに私と共にある。（Merleau-Ponty 1945: 110＝1967: 167＝1982: 170）

自分の身体は、外部に措定し操作する対象とは異なり、観察せずともいわば内側からわかっていて、どう動かすかいちいち考えなくても一気に動かせる（動く）――われわれはメルロ＝ポンティの記述に、「客観的（＝対象的）世界を経由しない」（Merleau-Ponty 1945: 123＝1967: 184＝1982: 188）すなわち非対象的・非措定的な自己関与、〈はたらく身体それ自身のあり方をそのはたらきにおいて感じるはたらき〉を読むことができる。

メルロ＝ポンティは、この内側からわかり「直接」動かせるというあり方を、「身体図式」に基づけて理解する。彼のいう「身体図式」は、状況において何かをなすことを可能にする「身体の空間的・時間的統一、相互感覚的統一、感覚－運動的統一」（Merleau-Ponty 1945: 115＝1967: 174＝1982: 178）である。ひとが特定の状況において何かをなすには、諸々の運動器官および感覚器官のはたらきが「状況における意味」を核に調整統合されていなければならない。それらの器官やはたらきのあいだには「自己の〔固有〕身体の自然な系《システム》において生きられた関係」（Merleau-Ponty 1945: 123＝1967: 184＝1982: 188）があると彼は言う。彼は蚊に刺された箇所を掻くという例を挙げているが、この例で考えてみると、蚊に刺されてかゆいことは、その箇所も含め、身体の状態として、身体において感知され、他方かゆいところを掻くという手の動き（＝身体の動き）は、かゆいという身体の状態との内的な関係において発動し、かゆいと感じられるそこを掻いているという行為（＝身体の状態）として、やはり身体において感知されるということだろう。身体図式に統合された個々の器官やはたらきのあいだの、いわば内的な関係ゆえに、その関係において、はたらきつつあるさまざまなはたらきが、対象化されることなく内的に感知されている。われわれは身体図式のレベルに、非対象的、非措定的自己関与がはたらいているのを見ることができる。

メルロ＝ポンティは身体図式を、状況において何かをなすこと・なしうること（je peux）から考えている。身体図式は「私の身体が現勢的または可能的な或る任務に向かってとる姿勢 postureとして私にあらわれる」（Merleau-Ponty 1945: 116＝1967: 174＝1982: 179）と彼は言う。身体図式は「姿勢 posture」と結びつけられている。われわれはここで、神経科学が体性感覚・自己受容〔固有〕感覚を「身体の位置や運動についての感覚」（岩村 2001: 33）としていること、また姿勢の変化が中動態で表される代表的な意味領域とされていることを思い出す。メルロ＝ポンティの考え方からすれば、身体図式レベルの非対象的・非措定的自己関与は、身体の「姿勢」あるいは「構え」という目に見えるもの——それは私に「あらわれる apparaître」とメルロ＝ポンティは言う——を通じて捉えうるということになる。ここには、「〜と思える」と「表現」との関係を考察する足掛かりが見てとれるだろう。

「姿勢」から「表現」を考察する発達心理学者に、メルロ＝ポンティも参照する（Merleau-Ponty 1953=1966）アンリ・ワロン Henri Wallonがいる。彼は、「姿勢 attitude」「姿勢機能 fonction posturale」を「情動 émotion」および「表現 expression」と結びつけて考察していく。そして注目すべきことに、その際そこに自己受容〔固有〕感覚（および自己塑型活動）のはたらきを見ている。

ワロンは、シェリントンにならって感覚を「外受容感覚」と「自己受容〔固有〕感覚」に、キャノン W. B. Cannonにならって（Cannon 1932＝1981）活動を「外作用活動 activité extérofectif」と「自己作用活動 activité propriofectif」あるいは「自己塑型活動 activité proprioplastique」とに区分し（Wallon 1949: 146＝1965: 127–128）、こ

れら四項を関係づけながら人間の行動や心性の発達を考察していく[11]。その際、〈外受容感覚－外作用活動〉といういわば主－客あるいは能動－受動で把握されやすい軸に対し、われわれから見れば中動態ではたらく〈自己受容感覚－自己塑型活動〉という軸を重視する。姿勢機能システムは〈自己受容感覚－自己塑型活動〉の軸に位置づけられる。この機能システムは一方で「運動あるいは静止している人体の部分部分のあいだのつながりや、活動中の動的あるいは外的諸力に対する静的な統一に、対応する」（Wallon 1949: 191＝1965: 168）「環境が要請する反応へ向けて生体を調節し、知覚野を通り過ぎる対象に向けて感覚器官を調節する」（Wallon 1949: 266＝1965: 233-244）というように、身体図式と重なる理解がなされている。

しかし他方でワロンは、姿勢機能という〈自己受容感覚－自己塑型活動〉システムに、別のはたらきも指摘する。彼はそれを、とりわけ、〈外受容感覚－外作用活動〉システムが未発達の子どもに見てとる。

…例えば、物は子どものうちに姿勢 attitudes を生じさせるが、子どもにおいて物の知覚が、とりわけ、物の生じさせる姿勢に依りつつ始まると認めることは、不可能ではない。姿勢は、物に対応する刺激の質に応じて生じるのはもちろんだが、その時の子どもの欲求や状態に応じて生じてもいる。まず自分自身の姿勢を通して、子どもは外部の現実を意識するのである。（Wallon 1938: 215-216＝1983: 171）

外部に対象を措定する知覚以前に、自分自身の姿勢において、自分自身の状態だけではなく外部世界も感知され始める——姿勢システムが自己受容［固有］感覚を組み込んでいる以上、そこには非対象的・非措定的な自己関与がはたらいていると考えられる。そこで対象としてではなく感じられている自分の身体の状態には、（外部世界＝環境に応じてそのような状態が成立してもいるのだから）外部世界も反映されているということだろう。外部世界も自分自身の身体の状態と不可分に、非対象的・非措定的に、内的に、感知されているわけだ。同様のことは、外部に対象を措定するようになった大人においても、認められるはずだ。

ここにおいてわれわれは、かつて考察した表情知覚と同じありように、別の側からたどりついたことになる。表情知覚の考察において、われわれは、われわれにあらわれる表情の側からこれを考察した（森田 2013: 第四章）。表情知覚においては、感性的なものと意味とが、不可分ではあるが純粋な一でもない、分離の可能性を含んだ「表情意味」として中動的にあらわれてくる。今われわれは、身体の感知するはたらきの側から、外的世界（＝環境）と自分の身体の状態とが不可分に、かつ非対象的・非措定的な自己関与から（ここにも分離の可能性が含まれる）感じられる、中動態のありようを見る。

ワロンはまた姿勢機能を、「情動 émotion」という心的なものとむすびつける。彼は情動と身体の状態（特に筋肉の緊張）との密接な関係を指摘し、「姿勢活動は、情動の生じる領域である」（Wallon 1938: 214＝1983: 168）と見る。そこからワロンは「情動は姿勢機能の心的実現である」（Wallon 1938: 216＝1983: 172）と、姿勢機能に表現機能 la fonction expressive を認めることになる。

> 表現機能とは、元来、生体をそれ自身の状態に因って形づくることである。それは、本質的に自己塑型活動であって、姿勢機能に由来している。（Wallon 1938: 216＝1983: 172）

特定の姿勢において特定の情動が生じるがゆえに、姿勢という目に見えるものに、情動という心的なものがおのずと表現されるということだ。われわれとしては、ここで問題とされる情動もまた、姿勢の変化と同様、多くの言語において中動態で表される意味領域とされる（Kemmer 1993: 130–131）ことに注意を払う必要があるだろう。情動はおのずと生じ、生じつつあることにおいて非対象的・非措定的に感じられる。そしてワロンは、姿勢が情動を表現することに、他者との関わりの基礎を見ることになる（Wallon 1938: 219–220＝1983: 177–178）。

ワロンの言う情動の表現はexpressionである。しかし先に見たような姿勢を通じた外的世界の感知がありうるとすれば、姿勢には、外的世界の表現 representation につながる側面も見ることができるだろう。われわれにとっては、そこに、〈自己受容［固有］感覚－自己塑型活動〉システムと理解された非対象的・非措定的自己関与のはたらきを身体レベルで見てとりうることが重要である。ワロンが当時の神経科学を援用しながら考察した内容は、現時点で文字通りに受け取ることにためらいが残る。しかし、用いられている個々の概念は別として、能動－受動システムとは別の、中動態ではたらくシステムという捉え方の枠組みは、十分有効であろう。この枠組みはまた、生命をオートポイエーシス・システムと捉える理論(12)と関係づけることも可能だろう。

4　表現行為と理解、そして言語

ワロンは表現を〈自己受容［固有］感覚－自己塑型活動〉システムに基づける。とすれば表現行為はもちろん表現の理解も、外部対象の操作や措定的認知に還元しきれないはずだ。

環境および自身の状態に応じて身体のとる姿勢、身体に生じる姿勢が表現の始まりであるというワロンの見解は、われわれがかつて別の方向から見出した事態、すなわち「行為のかたち」から、感じられるものと意味とが不可分に生じるという事態（森田 2013: 第七章、第八章）と呼応する。それはまた、メルロ＝ポンティが「あられ grésil」という語について、「私の発声器官の或るはたらき、世界内存在（l'être au monde: 世界に属すること、世界に向かってあること）としての身体の、状況に応じる調整（modulation＝転調）」（Merleau-Ponty 1945: 461＝1974: 295＝1982: 664）、「空から（略）降ってくる、この堅く脆く溶けやすい粒を前にした私の驚き」（Merleau-Ponty 1945: 462＝1974: 296＝1982: 665）と書いていることとも呼応する。しかしそれが「表現」でありうるためには、当事者の側からだけでなく他者の側からの考察も必要になるはずだ。表現の始まりを右のように捉えたとき、他者によるその理解はどうなるのか。

メルロ＝ポンティは、姿勢が世界へ向かう図式であり系《システム》であるがゆえに、他者とのあいだで転移可能だと考える（Merleau-Ponty 1972: 31-32＝1982: 134-135）。表現の理解は、それを生み出した他者の姿勢に自分の姿勢を重ねることで、いわば「他者《ひと》の身になって」理解されるというのである。措定されて「私 je」になる前の、身体における「非人称的な impersonnel」はたらき[13]のレベルで、はたらきのかたちを重ねることで表現の理解が成立する――とすれば、その理解は、（相手に）重ねた（自分の）姿勢を通じて、（自分の）〈自己受容〔固有〕感覚－自己塑型活動〉システムにおいて、非対象的・非措定的自己関与のかたちで、内側から「わかる」ということになるだろう。

神経科学における「ミラーニューロン mirror neuron」の発見は、われわれの考察を裏付けてくれるように思われる。ミラーニューロンは、サルなどの霊長類の脳で最初に発見された神経細胞で、人間においても間接的にではあるが確認されている。それは、他者が対象物にはたらきかける動き＝運動行為（例えば食べ物をつかむ）を見たときに、自分が同じ行為を実際にしているときと同じように活動するニューロンだという（ルゾラッティ&シニガリア 2009: 4章）。問題となっているのが、同じ指の同じ関節をまったく同じ角度で動かすというような、同じ身体諸部分の客観的に等しい動きの集合ではないという点が注目に価する。同じなのは何かを「つかむ」「持つ」「置く」といった行為であって、意味を含んだ行為レベルで「同じ」なのである。行為の「厳密な一致」より「大まかな一致」が多く観察される（ルゾラッティ&シニガリア 2009: 111）。ニューロンは全体的システムにおいてはたらくものであるから、ミラーニューロンも単独で活動するわけではない。ミラーニューロンが活性化しているときには、行為を実行しているときでも見ているときでも「同一の神経パターンの活性化が見られる」（ルゾラッティ&シニガリア 2009: 117　傍点は引用者）という。システムにおいては体性感覚・自己受容〔固有〕感覚もはたらいている。とすれば、他者の行為を見ているとき、それを自分で実際に行うのと同じような身体の状態（姿勢）が、身体において感知されているということではないか。われわれはミラーニューロンについての神経科学の知見からも、他者の行為が、対象として措定される前に、自己の身体の非対象的・非措定的自己関与（体性感覚・自己受容〔固有〕感覚のはたらき）を通じて感知されると考えることができそうである。ミラーニューロンをめぐる神経科学の報告には、姿勢が身体レベルでの表現であり、こちらの姿勢を重ねることで内側から直接理解されるということに呼応する、生理学的なしくみを見てとることができるように思われる。

われわれは、「表現」成立の基盤に、自分の身体において自分の身体の状態（姿勢）を非対象的・非措定的に感知する中動態のはたらきを見る。外的世界も、他者のありようも、自分の身体において、自分の身体の状態として（そこに不可分に映し出されて）、感じられる。「思える」は、ここに見てとられる非対象的・非措定的自己関与だと考えてよいだろう。表現（表現行為およびその理解）が、そもそも、それぞれの自分の身体をいちいち経由して成立する以上、表現をメッセージとコードに単純化することはできない。すなわち、対象として措定されたものごとや意味それ自体から出発し、それを客観的規則に従って聴覚的ないし視覚的記号およびその組み合わせ（それは事態の「客観的で論理的な」把握に対応する）に変換する、あるいはその逆を辿って記号からものごとやその意味をそのまま復元する、というような外部操作に還元することはできない。表現は、それに与るそれぞれの、内側からの「〜と思える」を組み込むかたちで、考察され、育てられなければならない。それは当然、それぞれにとっての自分の身体のはたらきを尊重すること、はたらきつつある身体において対象化以前に内側から中動的に体験される何かに敏感になることでもある。単なる意識ではなく、身体まるごとの人間にとってしか、本来の意味での表現は存在しない。

芸術における「表現」は、意味がすでにあることをかならずしも前提しない。すでにある規則に従っていればいいというのでもない。芸術においては、世界と関わる行為のなかから見たり聞いたり触れたりできるものが形づくられ、見たり聞いたり触れたりできるものと意味的なものが不可分に生成する。その生成の出来事に、人は、つくるにしろ見る（聞く、触れる）にしろ、身体を通じて巻き込まれ、自身も変化していく（森田 2013: 第九章）。言語芸術による表現も例外ではない。確かに、言語は社会的に成立した記号体系（ラング）であり、その規則に従うことが人々には要求される。しかし例えば意味生成の記号学をとなえるジュリア・クリステヴァ Julia Kristevaが、ル・サンボリック（le symbolique 記号象徴態＝記号体系）の手前あるいは外部に、ル・セミオティク（le sémiotique 原記号態）というそれを揺さぶるはたらきを想定し、そのはたらきが詩的言語におけるリズムや抑揚としてあらわれて既存の記号体系に収まらない意味を生成させると考えたように[14]、言語の規則にのらない要素、言語規則をずらすやり方から、言語によって文字通り直接指示された（＝措定された）のではない意味が生じる。そのような、例えばリズムや抑揚（音であり響きであり振動でもある……）とともに生成しつつある意味は、リズムや抑揚だけでなくそれを生む身体のあり方全体に呼応し身体において非対象的・非措定的に感じられるだろう。芸術においては、「〜と思える」が成立してはじめて、「〜と思える」とともに、意味（や世界）が成立する。メルロ＝ポンティが「あられ」について語ったように、言語による表現一般もまた、このような出来事にまで引き戻してとらえる必要があるだろう[15]。

すでに社会的に成立している記号体系としての言語を考えてみても、少なくとも第一言語（母語）において、ひとはその規則（語彙や文法）を外部に措定された知識として持ち、意識してそれに従って話したり書いたりしているわけではない。例えば、日本語を母語としていても、日本語の助詞や助動詞の接続順位を説明できない人は多いだろう。そういう人でも助詞や助動詞を正しく並べて（「そうだよね」が正しい順番、「そうねよだ」は誤り）話すことができる。規則は、話したり書いたりする実際の行為のなかで、言葉の使い方として、自分の身体とその動かし方と同じように、非対象的・非措定的に知られている。ラングというシステムは、各人において、身体図式と同じように身につけられている。またそもそも言語の規則は、言葉を使う行為を通じて身につけられる。発達心理学によれば、それはまず、ひととひととが共に居合わせてかかわり、言葉も交わされる具体的な場における習得である（岡本 1982, 1985; 浜田 1999; やまだ 2010)。言葉は言葉だけで孤立せず、人々が身体をもって世界とかかわり互いにかかわる特定の場面で、所作や顔つきや口調も伴いつつ話しかけられたり話したり、問いかけたり答えたり、黙ったりもする実際の行為のうちに、その存立基盤を置いている。であってはじめて、それぞれの身体に根ざす「〜と思える」に呼応しうる。

表現を、言葉を、「〜と思える」から切り離された貧しい抜け殻にしてしまわないためには、居合わせる共在の[16]場において、それぞれの身体が生む、見えたり聞こえたり触《さ》われたりするものから、意味が生じるそのところに、戻らなければならないだろう。われわれはそこに、芸術の意味のひとつを見ることができる。

おわりに

環境と関わる姿勢がすでに原初的表現であるとしても、それと意図的な表現行為とのあいだに隔たりがあるのは確かだろう。意図的な表現行為において、ひとは何かを素材として(言葉もその一つである)選び、見たり聞いたり触れたり読んだりできるものをかたちづくる。かたちとともに意味が生じる(「〜と思える」というようにして)、そういうかたちづくられたものをひとは欲している。意図している。ひとはまた、かたちづくられたそれを他者が見たり聞いたり触れたり読んだりすることで、他者も意味生成の出来事に与る(「〜と思える」というようにして)ことを、望んでいる。意図している。そういうかたちづくられたものは、つくり手(表現者)からも受け手からも独立の、見たり聞いたり触れたり読んだりできるものとして、両者のあいだに置かれる。時も場所もはるかに隔たったところにも置かれる。それぞれの「〜と思える」が生じるために、何をどうすればいいのか、何かしらの判断が表現行為には求められるはずだ。判断基準はなによりもまず、つくり手の「〜と思える」だろう。しかし一方で、そこには、ひととひととの関わりもはたらいている。例えば相手は、相手自身の「〜と思える」から、何がしかの反応を返す（その反応も表現である）。それに対してつくり手や別の誰かが反応する（それぞれの「〜と思える」によって）。ひととひととのあいだのやりとりが始まり、連鎖する。そのような連鎖する関わりがそれぞれの「〜と思える」にどう関与し、どう表現行為に反映するのか。あるいは時と場所が隔たったところの、環境を異にする相手の「〜と思える」に、どういう態度をとればいいのか。浮上するであろう「わからなさ」を、どう位置づければいいのか。さらに考察の必要がある。それはまた、相互行為の中動態という意味領域の問題でもある。[17]

注

（1）これは、カントImmanuel Kantのいう美的判断の「主観的普遍妥当性」の問題につながると考えられる（Kant 1790）。

（2）ここでいう「表現」は、西洋語のexpressionおよびrepresentation双方の意味を含む。

（3）「思おうとする」は能動かもしれないが、「思う」は能動だろうか。

（4）ここで筆者の中動態理解を簡単に示しておく。能動態やそれと対立する意味での受動態が、自己同一的な項から出発し、動詞の表す過程や事態をそのような項と項との関係で示すのに対し、中動態は、動詞の表す過程や事態から出発し、それを通じてものごとがどのように生成し変化するかを示す。能動態の主語は、過程の外部で変化しない自己同一的な項でありつづけるが、中動態における（主語を含む）項は、過程に巻き込まれ過程のなかで生成変化する。詳しくは、森田2013、特に「第三章　言語の範疇から思考の範疇としての中動態へ」参照。

（5）ただしサルトルの「自己（についての）非措定的意識」は、自己や世界の明証性とは関係づけられていない。

（6）本章では直接論じないが、中村雄二郎が、西洋近代における視覚をモデルとした考え方の枠組み（主語の論理）を、触覚＝体性感覚をモデルとする枠組み（述語の論理）で相対化しようとしている（中村 1979）ことは注目に値する。それは、中動態によって捉えうる事態と大きく重なっている（森田 1994）。

（7）内臓にある受容器も内受容器とされるが、それによって生じる感覚は自己受容［固有］感覚とは区別されている（岩村 2001: 110）。

（8）佐々木 2000、フィンドレイ／ギルクリスト 2006［2003］。

（9）旧ソ連のベルンシュタイン Nicolai A. Bernstein に始まる身体運動学（Bernstein 1991＝2003、長崎 2004）、ギブソン James J. Gibson に始まる生態学的心理学の流れ（Gibson 1979＝1985、佐々木 2000）など。

（10）le corp propre は、邦訳ではこれまで「自己の身体」とされてきたが、その「自己の」が、de soi すなわち「自己」の「身体」ではなく、propre という形容詞であることに注意を払う必要がある。ここで言われる「自己の身体」は、「自己」があって、その身体という意味ではない。メルロ＝ポンティの用いる propre という形容詞は、シェリントンの用語、自己受容［固有］感覚の形容詞 proprioceptive の proprio（自己の、固有の）と語源的にも重なる。そのことを踏まえ、本章では le corp propre を「自己の［固有］身体」と訳すことにする。

（11）邦訳ワロン『身体・自我・社会』所収の浜田寿美男による解説参照（二一七―二二二頁）。

（12）オートポイエーシスについては、Maturana & Varela 1980＝1991、河本 1995 参照。またオートポイエーシスと中動態との関係については、森田 2013 終章参照。

（13）メルロ＝ポンティはそれに on という語をあてた（Merleau-Ponty 1945ほか）。この on は、文法的にみれば主語（sujet＝主体）であるが、主体‐客体（sujet-objet: 主語‐目的語）関係における主体、すなわち能動態の主語＝主体ではない。

（14）クリステヴァは le symbolique と le sémiotique という対立概念を、いくつもの著書で提示しているが、例えば、Kristeva 1977: 14＝1986: 16–17参照。

（15）この文脈において、言葉を、声を発する「からだ」のあり方との関係で捉え直そうとする竹内敏晴の実践（レッスン）は重要な意味をもつ（竹内 1975, 1990）。

（16）「共在の場」という考え方については、木村 2003、木村ほか編 2010 参照。

（17）相互行為の中動態という意味領域については、Kemmer 1993: 94–127。

引用・参考文献

岩村吉晃『タッチ』医学書院、二〇〇一年。

岡本夏木『子どもとことば』岩波書店、一九八二年。

岡本夏木『ことばと発達』岩波書店、一九八五年。

河本英夫『オートポイエーシス　第三世代システム』青土社、一九九五年。

木村大治『共在感覚』京都大学学術出版会、二〇〇三年。

木村大治ほか編『インタラクションの境界と接続　サル・人・会話研究から』昭和堂、二〇一〇年。

佐伯胖・佐々木正人編『アクティブ・マインド』東京大学出版会、一九九〇年。

酒田英夫『頭頂葉』医学書院、二〇〇六年。

佐々木正人『知覚はおわらない　アフォーダンスへの招待』青土社、二〇〇〇年。

竹内敏晴『ことばが劈かれるとき』思想の科学社、一九七五年。

竹内敏晴『「からだ」と「ことば」のレッスン』講談社現代新書、一九九〇年。

長井真理『内省の構造』岩波書店、一九九一年。

長崎浩『動作の意味論』雲母書房、二〇〇四年。

中村雄二郎『共通感覚論』岩波書店、一九七九／二〇〇一年。

浜田寿美男『「私」とは何か　ことばと身体の出会い』講談社選書メチエ、一九九九年。

森田亜紀「述語的なものと芸術」『芸術学芸術史論集』第六号、神戸大学文学部芸術学芸術史研究会、一九九四年。

森田亜紀『芸術の中動態』萌書房、二〇一三年。

やまだようこ『ことばの前のことば　著作集1』新曜社、二〇一〇年。

『新編　感覚・知覚心理学ハンドブック』誠信書房、一九九四年。

フィンドレイ、J・M／ギルクリスト、I・D『アクティヴ・ヴィジョン』本田仁視監訳、北大路書房、二〇〇六年（原書刊行は二〇〇三年）。

ルゾラッティ、ジャコモ&シニガリア、コラド『ミラーニューロン』柴田裕之訳、紀伊國屋書店、二〇〇九年（原書刊行は二〇〇六年）。

Bernstein, Nicholai, A., *On dexterity and its Development*, 1991, translated [from Russian] by Mark L. Latash, ed. M.L.Latash and M.T.Turvey Laurence Erlbaum, 1996（＝工藤和俊訳『デクスティリティ　巧みさとその発達』、金子書房、二〇〇三年）.

Cannon, Walter B., *the WISDOM of the BODY*, Norton & Company, 1932/1963（＝舘鄰・舘澄江訳『からだの知恵』講談社学術文庫、一九八一年）.

Gibson, James J., *The Ecological Approach to Visual Perception*, Laurence Erlbaum Associates, 1979/1986（＝古崎敬他訳『生態学的視覚論』サイエンス社、一九八五年）.

Kant, Immanuel, *Krirtik der Urteilskraft*, 1790, Felix Meiner Verlag, 1974（＝篠田英雄訳『判断力批判』岩波文庫、一九六四年）.

Katz, David, *Der Aufbau der Tastwelt*, Verlag von Johann Ambrosius Barth, Leipzig Germany, 1925（＝東山篤規・岩切絹代訳『触覚の世界』新曜社、二〇〇三年）.

Kemmer, Suzanne, *The Middle Voice*, John Benjamins Publishing Co., 1993.

Kristeva, Julia, *Polylogue*, Seuil, 1977（＝西川直子ほか訳『ポリローグ』白水社、一九八六年）.

Maturana, H.R. & Varela, J., *Autopoiesis and Cognition, The Realization of the Living*, D.Reidel Publishing Company, 1980（＝河本英夫訳『オートポイエーシス　生命システムとはなにか』国文社、一九九一年）.

Merleau-Ponty, Maurice *Phénoménologie de la perception*, Paris, Gallimard, 1945（＝竹内芳郎ほか訳『知覚の現象学１・２』一九六七・七四年、みすず書房）（＝中島盛夫訳『知覚の現象学』法政大学出版局、一九八二年）.

Merleau-Ponty, Maurice, *Les relations avec autrui chez l'enfant*, 1953, Centre de documentation universitaire, 1975（＝滝浦静雄・木田元訳「幼児の対人関係」、『眼と精神』みすず書房、一九六六年所収）.

Sartre, Jean-Paul, *L'imaginaire*, Gallimard, 1940（＝平井啓之訳『想像力の問題』人文書院、一九六五年）.

Sherrington, Charlrs S., *The Integrative Action of the Nervous System*, Yale University, 1906.

Wallon, Henri, *Les origines du caractère chez l'enfant* 1949, PUF Paris, 1998（＝久保田正人訳『児童における性格の起源』明治図書、

一九六五年）.
Wallon, Henri, *La Vie mentale*, 1938, Èdition social, Paris, 1982（＝浜田寿美男訳『身体・自我・社会』ミネルヴァ書房、一九八三年に部分訳所収）.

第六章　三木清における「ロゴス」概念の展開と教育論
――歴史形成・構想力・修辞学

田中久文

教育においで言語はいかなる役割を果たしているのであろうか。教育学において重要なこの問題を正面から扱った日本の哲学者に三木清がいる。三木は言語というものの本質を「ロゴス」という、より広い概念を使って探究し続けた。それを受けて晩年にはアリストテレスの教育論を解釈するという形で、彼独自の教育論も展開している。

本章では、三木が「ロゴス」という概念の理解をどのように深めていったのか、そして、最終的にそれを教育の問題にどのように活かそうとしたのかについて考えてみたい。

1　三木における「ロゴス」概念の展開

(1)「基礎経験」と「ロゴス」

まず、三木の哲学において「ロゴス」という概念がどのように展開していったかを追いかけてみたい(1)。

三木が「ロゴス」について本格的に考察を始めたのは、『唯物史観と現代の意識』所収の論文「人間学のマルクス的形態(2)」(一九二七年)においてであった。

この論文で三木は、普段われわれが体験している「日常の経験」というものは、常に「言葉」というものによって支えられ導かれていると考える。わたしたちは、社会的な取り決めである「言葉」によって、物を分類し識別し意志を伝達する。その意味で「日常の経験」というものは、「言葉」というものによって支配されているというのだ。三木はこうした「言葉」を「ロゴス」とも言い換えている。

しかし三木は、そうした「日常の経験」の底に、「言葉の支配から独立であるという意味でひとつの全く自由なる、根源的なる経験」というものがあると考える。人間の「経験」には、「言葉」によって整理され秩序化される以前の混沌の世界があるというのである。それを三木は「基礎経験」となづける。それは、「ロゴス」以前の世界であり、逆に「ロゴスを指導し、要求し、生産する経験」なのである。

通常「経験」は、「ロゴス」によって表現されることによって、公共性を得て安定する。しかし「基礎経験」そのものは、既存の「ロゴス」によっては秩序化できないものであり、本質的に「不安」なものである。「ロゴス」が「経験」を固定化し、安定させる作用をもつとすれば、「ロゴス」の支配を超えた「基礎経験」は安定を拒む「動的」なものである。「言葉」が「経験」に公共性をもたらすことによって、そこに「光」を与えるのに対して、「基礎経験」は「言葉」をもっては表現できない「ひとつの闇」である。

このように「ロゴス」の根底に「基礎経験」をみた三木は、今度は逆に「基礎経験」からどのようにして「ロゴス」が生まれるのかを問題にする。彼は「基礎経験」における「生の根源的なる交渉」のなかから直接に生まれる「ロゴス」を、「第一次のロゴス」とよぶ。それは、「基礎経験」を表現し発展させるものである。

しかし、「ロゴス」はいったん生みだされると、逆に人間の生活のあらゆる「経験」を支配し、指導するようになる。それはかえって生そのものを抑圧するようになるのである。そこで、絶えず変化し運動している「基礎経験」は、ある限界までくると、既成の「ロゴス」の圧迫に耐えられなくなり、「旧きロゴス」に反抗して「新しきロゴス」を要求するようになる。三木は、この過程を「ロゴスの第一次変革過程」とよぶ。

三木は、こうした「第一次のロゴス」が体系化されたものを、「アントロポロギー（人間学）」とよぶ。人間は自己の本質とは何かということに対して、何らかの仕方において解釈を与えなければ生きていけない存在だという。こうした人間の自己解釈が、「アントロポロギー」だというのである。

「第一次のロゴス」が「基礎経験」を直接的に表現したものであるのに対して、その時代の哲学や学問を通して「基礎経験」を表現したものが「第二次のロゴス」であるという。そもそも「ロゴス」の働きは「経験」を救いあげ、そこに公共性をもたらすことにあった。だとするならば、それは最終的には哲学的・学問的意識によって客観化されることによってはじめて満足に達することができると三木は考える。彼はそうした「第二次のロゴス」を「イデオロギー」とよぶ。

「アントロポロギー」は、「イデオロギー」の成立にあたってその根底において働くが、ひとたび「イデオロギー」が成立すると、そのなかに安定を得て埋没してしまう。そのため、やがて「イデオロギー」は私たちの生活に徹底的に干渉するようになり、その時代の「イデオロギー」を通してしか存在と関わりをもてなくなってしまう。

しかし、ここでも絶えず変化する「基礎経験」にとって、「イデオロギー」はやがて桎梏と感じられるようになり、動揺をはじめる。三木はそれを「ロゴスの第二次変革過程」とよぶ。ただし、こうした「イデオロギー」の変革は、「アントロポロギー」の変革によって規定されているという。したがって「ロゴスの第二次変革過程」は、「ロゴスの第一次変革過程」の後に起こるのだという。つまり最も根本的な「イデオロギー」の変革に際しては、ひとはその背後に必ず「アントロポロギー」の変化をみるのである。

以上のように、まず「基礎経験」は「第一次のロゴス」「第二次のロゴス」へと結晶化され安定していく。しかし、それらの「ロゴス」もやがては硬直化し、逆に「基礎経験」を抑圧するようになる。そのため、ついにはこれらの「ロゴス」は崩壊し、再び「基礎経験」に密着した新たな「ロゴス」が再興される。こうして「基礎経験」と「ロゴス」との間には無限の運動があるというのである。

論文「人間学のマルクス的形態」におけるこうした議論は、「基礎経験」と「ロゴス」とのダイナミックな関係を掘り起こしている点で興味深い。ただし、それはいうまでもなくマルクスの上部構造、下部構造という図式に倣ったものである。そのため、下部構造にあたる「基礎経験」に中心がおかれ、上部構造にあたる「ロゴス」は、それが「基礎経験」から生成するものであることが指摘されながらも、最終的には「基礎経験」に対してつねに桎梏として働くものとなってしまうことが強調されている。

また、「基礎経験」についても、それがマルクスの説く「下部構造」に対応するものと考えられ、「変革」という表現も使われているにもかかわらず、「不安」や「闇」という性格が強調され、新たな歴史を創造するという積極性がそこにはみられない。

（2）「歴史」と「ロゴス」

論文「人間学のマルクス的形態」における議論は、その後『歴史哲学』[3]（一九三二年）においてさらなる展開をみせる。

論文「人間学のマルクス的形態」では、「基礎経験」とは、無方向的ともいえる「不安」「闇」とされていたが、『歴史哲学』では、そうした「基礎経験」は、歴史のなかにありながら、新たな歴史を形成していく人間の主体的な実践としてとらえ直されていく。それに伴って「ロゴス」の方も単なる桎梏から、歴史を形成する運動の自己表現として、より積極的な意味を担うようになっていく。

まず、三木は「歴史」とは何かを問題にする。ドイツ語では「歴史」を、「ゲシヒテ（Geschichte）」と「ヒストリー（Historie）」とに区別している。「ゲシヒテ（Geschichte）」は、「起こる、生ずる」という意味の「ゲシェーエン（Geschehen）」という動詞に由来する。一方「ヒストリー（Historie）」は、「知ること、調べることで得た知識」という意味のギリシア語の動詞「ヒストレイン（historein）」に由来する。つまり、「ゲシヒテ（Geschichte）」は実際に起こった出来事を意味し、「ヒストリー（Historie）」はそうした出来事を調べ記述したものを意味している。

三木は前者の「出来事」としての歴史を「存在としての歴史」とよび、後者の「出来事の叙述」としての歴史を「ロゴスとしての歴史」とよぶ。しかし、三木は従来のこの二つの「歴史」概念に加えて、さらに「事実としての歴史」という第三の「歴史」概念を考える。

三木によれば、「存在としての歴史」が作られた歴史であるとするならば、「事実としての歴史」は歴史を作る行為そのもののことであり、絶えず運動し発展するものであるという。その意味で「事実としての歴史」は、「存在としての歴史」をも超えた「原始歴史」であり、歴史の「基礎経験」である。

「存在としての歴史」とは、出来事の連鎖であり、因果的必然性によってとらえることのできるものである。それに対して「事実としての歴史」とは、「存在としての歴史」から必然性を奪い取る「偶然」的なものである。「事実としての歴史」は「現在」の「瞬間」においてあるものであり、絶えず「存在としての歴史」を断ち切って生成するものである。こうした「事実としての歴史」に対して、「存在としての歴史」はしばしば桎梏となってしまう。しかし「事実としての歴史」は、いかに抑圧されても萎えることのない「原始的」「根源的」なものであり、「存在としての歴史」を破壊し、新たな歴史を作っていく。

それに伴って、「ロゴスとしての歴史」も「事実としての歴史」によって常に書き換えられるべきものとされている。歴史を書くということは、それを「繰り返す」ことであるが、そのためには歴史を「手繰り寄せる」ことが必要であるが、その端緒は「事実としての歴史」の「現在」にある。また歴史の叙述には「選択」が必要である。すなわち「選択的に繰り返す」ことが必要である。その「選択」の根拠も「現在」にある。さらに歴史が書かれるためには、何らかの「全体」が与えられなければならない。不断の過程を完結せしめる絶対的な時間もまた「現在」

である。常に新しい「現在」は新しい「全体」を要求するのである。このように、「ロゴスの歴史」を産み出すものは「事実としての歴史」である。

『歴史哲学』における「事実としての歴史」という概念は、論文「人間学のマルクス的形態」における「不安」「闇」としての「基礎経験」という概念を継承したものと思われる。ただし、「事実としての歴史」という概念は、単る「不安」「闇」ではなく、つねに過去を「手繰り寄せ」、重要な出来事を「選択」し、新たな「全体」を要求する歴史的主体性としてとらえ直されている。

それと同時に、「ロゴスとしての歴史」は、「事実としての歴史」の桎梏となる「存在としての歴史」を「模写」する面ももっているが、同時に「事実としての歴史」における主体性を「表出」する働きももっているとされ、その積極的な面も強調されている。

そこには、「ロゴス」というものが軽視されてきた当時の思潮に対する三木の危機感があったように思われる。たとえば、ハイデッガーのナチス入党の報を聞いて書かれた論文「ハイデッガーと哲学の運命」[4]（1932年）のなかで、ハイデッガーとニーチェとの深い連関を指摘し、両者のうちに「パトス的なものの、従ってまたディオニソス的なものの熱情的な肯定」をみている。そして、「ハイデッガーはニイチェのうちに没した。ニイチェの徹底的な理解と、批判と、克服とは、現代哲学にとってひとの想像するよりも遙かに重要な課題である」と述べ、そのためには「ロゴスの力を、理性の権利を回復せよ」と説いている。ここには、それまで不定型な「基礎経験」のみを強調してきたみずからの哲学に対する反省が込められているようにも思われる。

（3）文学における「ロゴス」

三木は一九三二年の『歴史哲学』以後、言論弾圧が厳しくなっていったこともあって、思索の中心を文学論に移し、六、七年に及ぶ長い期間にわたって、一連の文学論を書き継いでいる。[5] そこではまだ「構想力」という概念こそ登場していないが、明らかに「構想力」論につながっていく萌芽がみられるのである。

当時文学界では、プロレタリア文学の興隆と解体のあとを受けて、文学の新たな創造理論が求められていた。それまでの日本の私小説作家が、「私を信じ私生活を信じて何んの不安も感じなかった」（小林秀雄『私小説論』）のに対して、プロレタリア文学はそうした狭い世界観を壊し、広く社会全体を描こうとした。その功績は評価しつつも、プロレタリア文学の手法で人間の内面が充分に描けるのかという問題は残った。そこで、小説における新たな想像力のあり方が求められていたのである。

三木も同様な観点からこの時期、どのようにして文学に新たなリアリティーをもたらすかという問題をめぐって、多くの文学論を書いており、そこでは多様な理論が展開されている。

たとえば評論「文学の真について」[6]（一九三二年）では、三木もまた私小説の伝統を批判し、プロレタリア文学が社会全体を描こうとしたことを高く評価しながらも、そこでは人間の内面の描写が欠落しがちである点を指摘する。そして、人間の内面と社会との双方を描きだすこと、三木の言葉を使えば、「主体的真実性」と「客体的現実性」との双方をともに描きだし、真のリアリティーを実現していくことが今の文学に求められているのだと説いている。

やがて、この「主体的真実性」と「客体的現実性」には、それぞれ「パトス」と「ロゴス」という言葉が当てられていくようになる。たとえば評論「現代階級闘争の文学」[7]（一九三三年）では、「現実の意識がパトスとロゴスとの弁証法的性質のものであるところから、芸術上における真のリアリズムもそのような弁証法の基礎の上に成立し得るものである」と説いている。

こうした「パトス」と「ロゴス」との統一の問題は、評論「不安の思想とその超克」[8]（一九三三年）では一層具体的に述べられている。そこで三木は、満州事変を契機に知識人の間に「不安」という精神的雰囲気が広まり、ドストエフスキー、プルースト、ジードらが「不安の文学」として、またニーチェ、キェルケゴール、ハイデッガーらが「不安の哲学」として流行するようになったことを指摘する。三木によれば、これらの文学や哲学に共通するのは、「時間性」が重要な問題とされ、すべてが流動の相のもとにみられていること、理知や理性など「ロゴス的」なものへの信頼が失われ、「パトロギー」的となっていること、人間が社会から孤立し、「主観的」「内省的」になっていることなどであるという。

三木は、こうした「パトス」としての「不安」は、「ロゴス」によって貫かれなければならないと考える。具体的にいえば、「時間性」に対して「空間性」の意味が、「パトロギー」的な見方に対して「ロゴス」的意識の固有の力が、「主観性」に対して「客観的現実性」の重要性が、自己追求に対して「創造」性が、それぞれ要求されるという。そして、こうした「ロゴス的意識とパトス的意識との統一」によって、新しい人間の「タイプ」というものが創造されなければならないと説く。

これまで紹介した論文「人間学のマルクス的形態」や『歴史哲学』においては、あくまでも「パトス」的な「基礎経験」の方に中心が置かれていたが、一九三二年以降次々に発表された文学論においては、「パトス」と「ロゴス」とは対等の立場に置かれ、両者が相俟って新たな現実が「創造」されるのだとされるようになっていく。

一連の文学論において、「ロゴス」という概念には、私小説を越えた文学的言語の自立性という意味と同時に、それによって表現されるべき社会的客観性という意味も含まれている。したがって、「パトス」は「ロゴス」を抑圧するものではなく、むしろ内閉的な「パトス」を外部に解放するとともに、そこに明確な構造性を付与するものと考えられている。

そして、こうした議論を踏まえて、一九三七年から、雑誌『思想』に『構想力の論理』(9)の連載が開始される。『構想力の論理』では、「構想力」こそが「ロゴスとパトスとの綜合の能力」だとされるようになる。

(4)「構想力」と「ロゴス」

「構想力（Einbildungskraft）」という概念を、三木は直接的にはカントから取り入れている。カントによれば、「構想力」には「図式（Schema）」というものを作る働きがある。その際カントは、「図式（Schema）」と「形像（Bild）」とを区別する。たとえば、目の前に一匹の犬をみているとき、その犬の具体的な形が「形像」である。一方、目の前の犬と多少大きさや毛の色が変わった動物が現れても、やはり人間はそれを犬として認識することができる。それは、さまざまな姿のヴァリエーションを通して、どこからどこまでが犬かという犬の姿がとりうる可能な範囲を示す規則というものが人間に備わっているからだとカントは考える。そうした規則が形をとったものを、カントは犬という「概念」の「図式」とよぶ。

カントのいう「図式」とは、個々の具体的な「形像」と一般的な「概念」との双方の根底にあるものである。特に「図式」と「概念」との関係をみると、「図式」は「概念」がまずあってそれを「形像」化したというようなものではなく、むしろ逆に、「概念」の方が「図式」を抽象化することによって作られたものだと三木は解釈する。

このようにカントのいう「図式」とは、個別的であるとともに普遍的、具体的であるとともに一般的、感性的であるとともに悟性的なもの、三木的にいえば「パトス」的なものであるとともに「ロゴス」的なものなのである。そしてカントは、そうした「図式」を生みだすものが「構想力」であるとした。まさに「構想力（Einbildungskraft）」とは、Bild＝「形」＝「図式」を作る能力のことである。しかも、感性と悟性の働きがまず独立に存在して、それを後から「構想力」が結びつけるというのではなく、「構想力」の働きによって初めて両者の働きが可能になるのだと三木は解釈する。そうした意味でカント自身も説いたように、「構想力」は感性と悟性との「共通の根」なのである。そして、そうした「構想力」が人間の認識の最も根源にあるものと考える。

このような「構想力」を根底におくことによって、「パトス」は方向性のない不安定なものではなく、そのうちに一種の論理性を備えたものと考えられるようになり、逆に「ロゴス」は硬直化したものではなく、感情的なものを含んだしなやかなものと考えられるようになる。

では、そうした「構想力」の立場からみた場合、「言語」というものは具体的にどのように論じられているのであろうか。三木は『構想力の論理』の第五章で「言語」について論じることを予告しているが、残念ながら死によって第四章までで中絶している。しかし、その内容は当時書かれた他の文献からある程度推測できる。

当時、三木は「修辞学」という観点から言語をとらえ直そうとしていた。(10) それを代表するものが論文「解釈学と修辞学」(11)（一九三八年）である。その際三木は、「修辞学」を「解釈学」と対比させて考えている。「解釈学」が過去の文書を理解する方法であるのに対して、「修辞学」は法廷、議会、市場といった現実の場で討論するときの方法である。

一般的に云えば、解釈学は過去の歴史の理解の方法である。これに反して修辞学はギリシアの活発な社会的実践的生活のさなかに発達させられたものである。解釈学が主として書かれた言葉、誌された文書に向うに反して、修辞学は主として話される言葉に属し、且つそれは法廷、国民議会、市場等における活動と結び附いて形成された。(12)

三木によれば、「解釈学」の方は「理解」「観想」の立場に立つものであって、「修辞学」のように「行為」「実践」「制作」の立場に立つものではない。生き生きとした人間関係に即した、より根源的な「ロゴス」のあり方として三木が考えているのは「修辞学」の方である。

そして、こうした「修辞学」は、三木によれば表現の「技術」を扱うものであるという。そのため、従来一般的には「修辞学」は「解釈学」に対して貶められてきた向きがあるが、三木はむしろそうした「修辞学」にこそ注目するのである。

ただし三木は、「修辞学」が表現の「技術」を問題にすることによって、「存在そのもの」との内的な繋がりを失い「デカダンス」に陥る危険性をつねにもっていることにも注意をよせている。

ところで人間は技術的であることによってデカダンスに陥る危険を有している。この関係は修辞学に於て何よりも明瞭に認められるであろう。言葉のデカダンスとは、言葉がその本性即ち存在を存在そのものから顕わにするという性質を逸して、存在との内的な繋がりを失うことである(13)。

そもそも、三木がこうした「修辞学」に関心を抱くようになったのは、アリストテレスの『修辞学』の影響と思われる。アリストテレスによれば、すべての言葉とは本性上「修辞学」であり、それは「聴き手」の説得を目的としている。ただし、そのためには「話し手のエートス」、「聴き手のパトス」、「話す中味のロゴス」の三つによる証明が必要だという。

修辞学に於ける信憑の根拠としてアリストテレスは三つのものを区別した。一、話し手のエートス（性格）に依る証明。その人の、心根、性格が立派である場合、我々は容易に彼の言葉を信じる。言葉の有する信憑力は話し手の性格、その倫理性の如何に関係している。そこで話し手は言葉の技術によって自己のエートスに対する相手の信を作り出すように努める。二、聴き手のパトスに依る証明。聴き手に於てパトスが言葉によって動かされるとき、聴き手自身が証明の手段となる。話す人は言葉の技術によって相手を心の一定の状態におくように努める。三、ロゴスそのものに依る証明。語ることは或るものに就いて語ることである限り、修辞学も一定の論理的証明を含まなければならぬ(14)。

アリストテレスによれば、「聴き手」を説得するにはまず相手の「パトス」に訴えかけなければならない。修辞学は心理的に、言い換えればパトス的に制約されている。ひとが誰かを相手に話すとき、ひとは相手が如何なる、心の状態にあるかを、彼の感情とか気分とかを殆ど無意識的に考慮し、言葉はこれによって規定される。ひとは単に相手のロゴス（理性）にでなく、また彼のパトス（情意）に訴える。(15)

また、「聴き手」を説得するには「話し手」が自分の「エートス」をかけて訴えなければならないとされているが、三木はこの「エートス」も「パトス」的なものだと考える。

修辞学は聴く人のパトスによって規定されるのみでなく、他方話す人自身のパトスによって規定される。それは各人のパトス、またエートスによって規定され、性格的なものである。性格というものは主としてパトス的なものである。かようにパトス乃至エートスに基くものとして修辞学は表現的である。修辞学は何よりも話す人の人間、性格、即ち主体的なものを現わす。(16)

こうした「話し手」「聴き手」の「パトス」ばかりでなく、もちろんその上に「ロゴスに依る証明」ということも必要である。すなわち、話す内容が論理的なものでなければならない。

つまり「修辞学」とは「ロゴス」と「パトス」との統合体なのである。つまり三木は、「修辞学」の根源は「構想力」にあると考えているのである。

ところでロゴスとパトスとの統一は構想力に於て与えられている。フンボルトに依れば、構想力は矛盾する性質を結合し得る我々の唯一の能力である。それは矛盾する本性を突然の奇蹟によっての如く驚くべき調和にもたらし、且つそれはイデーから借りて来られたのでなくて感性の中から生れた然もイデー的な形像を作り出すことによってそのことを為すのである。修辞学の論理は根本に於て構想力の論理でなければならぬ。そしてこれは言葉の根源が構想力に関わるということに相応している(17)。

以上のように、「修辞学」は「聴き手」をどう説得するかということを問題にしているのであるが、それは「修辞学」というものが、「話し手」と「聴き手」との対立を前提にしているということを意味している。「構想力」が「ロゴス」と「パトス」との統一をもたらすことができるのは、それが「イデー的な形像」を作りだすことができるからである。「イデー的な形像」とは、先に述べた「図式Shema」のことと思われる。

修辞学の論理は関係の論理であり、出来事の論理である。修辞学は私と汝の関係を基礎としている。私に対して汝が独立のものでないならば修辞学というものはないであろう。また私に対する汝が独立のものでないならば修辞学が技術であるということはないであろう。ひとは技術によって対象を支配すると云われるが、支配という言葉は対象が否定的に（敵対的に）対立することを現わしている。固より技術は単に対象を支配するのではない、技術に於て対象を支配することは対象と協同することである、対象との協同なしには如何なる技術も存し得ない。技術は支配であると共に協同である。技術に於ける支配と協同との弁証法的統一は技術的に形成される形、この超越的なもの、このイデー的なものに於て成就されるのである(18)。

ここで三木は、相手との「協同」ばかりでなく、相手の「支配」ということも語っている。「支配」という言葉をあえて使ったのも、「私」と「汝」とが一面において対立関係をも伏在させていることを浮き彫りにしようとしたためであろう。そして三木はここでも、「支配」と「協同」との統一を可能にさせるものが、「技術的に形成する形」としての「イデー的なもの」であるとしている。その意味で「図式」とは、感性を悟性に結びつけているばかりでなく、自他をつなぐものでもある。

さて、このように「私」と「汝」との対立関係にも充分留意しようとする三木は、「話し手」と「聴き手」とがつねに相互に入れ替わりうる関係にあることを強調する。「聴き手」は一方的に聴いているばかりでなく、「話し手」の主張を否定すべく、みずからが「話し手」になりうる可能性をつねにもっている。それはまた逆にいえば、「話し手」が「聴き手」から反論されて、一転して「聴き手」へと変わり、それによって自己否定に至る可能性をつねにもっているということでもある。そして、そうしたプロセスを経て初めて、「修辞学的思考の客観性」が実現すると三木は考えるのである。

一致の客観性の根拠は、聴く者がただ聴く者でなくまた語り得る者であり、そして逆に語る者がただ語る者でなくまた聴き得る者であるというところに存している。語る者に対して聴く者は単に聴くのみでなく、みづからも語り得る者、即ち独立のものでなければならない。汝とはただ聴く者でなく同時にまた自身語り得る者のことである。聴く者が同時に語り得る者であるということは、彼が語る者に対して否定の可能性を有する者であるということを意味している。かくの如き汝に対してのみ私は真に私であり、従って語る者は単に語るのみでなくまた聴き得る者であり、かくしてまた自己否定の可能性を有する者でなければならない。即ち修辞学の論理は弁証法である。人間はどこまでも社会的であると共にこの社会に於てどこまでも独立のものであるということが修辞学的思考の基礎である。(19)

以上のように、「修辞学」に関する議論においては、三木は「ロゴス」というものを、自他の柔軟な関係性においてとらえようとしているのである。

2 「教育」と「ロゴス」

（1）「自然」「習慣」「ロゴス」

以上、三木の「言語」観、「ロゴス」観の進展を追いかけてみた。こうした議論を踏まえて、三木はそれを教育の問題にも応用しようと考えた。それが一九三八年の『アリストテレス』である。これは『大教育家文庫』というシリーズの一冊として出版されたこともあり、主にアリストテレスの教育論を論じたものである。

そもそも、三木が「構想力」の哲学を着想するきっかけの一つとしてアリストテレスとの出会いがあった。三木は『構想力の論理』の「序」（一九三九年）で次のように述べている。

> 私の考える構想力の論理が実は「形の論理」であるということが漸次明らかになってきた。ギリシア哲学、特に最近アリストテレスを取扱った（『アリストテレス形而上学』一九三五年、『アリストテレス』一九三八年）ことが、その点について私の思想を進めることになった。[20]

特に『アリストテレス』（一九三八年）は、三木によれば「アリストテレスの教育論を彼の体系の諸根本概念との連関に於て理解しよう」とするものであり、しかもそれは「言語」「ロゴス」の問題とも深く関わっている。

アリストテレスにとって、教育の目的とは有徳の人を作るということにあった。では、有徳の人とは何か。アリストテレスは『政治学』において、「如何にして人は有徳の人となるか」という問いに対して、「自然 φύσις」、「習慣 ἔθος」、「ロゴス λόγος」の三つの観点をあげて論じている。以下、順次詳しくみていきたい。

アリストテレスによれば、まず教育の基礎は「自然 φύσις」に置かれなければならないという。教育が可能であるためには、人間が教育され得るものであるということ、すなわち、一定の「自然」の素質をもっていることが前提となる。

ただし、「自然」が動かないもの、変わらないものと考えるならば、教育は不可能である。その意味で教育は、「自然」の「運動 κίνησις」あるいは「生成 γένεσις」を前提としている。その際、「自然」は「生成」するものに内在する「質料 ὕλη」を意味するとともに、他方で「生成」の目的としての「形相 εἶδος」をも意味している。つまり、教育の出発点は「可能性 δύναμις」（「質料」）における「自然」にあり、到達点は「現実性 ἐνέργεια」（「形相」）における「自然」にあるといえる。すなわち、人間の「自然」に働きかけ、人間の「自然」を実現させることが教育の仕事である。

三木によれば、アリストテレスは「自然」の到達点である「形相 εἶδος」を「ロゴス λόγος」とも考えており、したがって教育とは、「自然」が「ロゴス」をめざす運動ともいえるという。そうした「ロゴス」を有するということが人間に固有で優越的な規定であり、それが人間の「自然」である。教育とはそうした人間の「ロゴス」的本質を実現せしめることである。

こうした「質料 ὕλη」と「形相 εἶδος」との関係、「可能性 δύναμις」と「現実性 ἐνέργεια」との関係は、感情と理性との関係でもある。教育のめざす「徳 ἀρετή」というものは、すべての人間に「自然」に具わっている。そして、「徳」の端緒は感情にあるが、それを善き状態に導くのが理性である。最初から理性の立場に立つと、しばしば感情と対立してしまう。感情は「自然」的なものとしてより先なるものであり、理性はより後なるものである。「徳」は感情と理性とが互いに調和するとき、三木の言い方をすれば、「パトス」と「ロゴス」とが調和するとき完全なものとなる。

ただし、注意しなければならないのは、教育そのものは「自然」ではないということである。教育自体は「技術」

である。アリストテレスは教育の「自然」的基礎を重視したが、「自然」だけで十分であるなら教育は不要である。教育は「自然」に欠けたものを「技術」によって満たすことによって「自然」を完成するものである。

以上のようにみてくると、アリストテレスは教育の基礎に「自然」というものを置きながらも、まずはそれを「形相εἶδος」をめざす動的なものととらえた上で、さらにそれを「ロゴス」によって完成させることが教育だと考えているのである。ここには「パトス」と「ロゴス」との統合という「構想力」の哲学と同じ考え方がみられるといえよう。

次に「習慣ἔθος」についてみてみたい。

そもそも、三木の「構想力」の哲学においても「習慣」というものは重視されている。『構想力の論理』の第二章「制度」において、「制度は単にロゴス的なものでなくて同時にパトス的なものであるが、それは本能的なものであるよりも習慣的なものである」とされている。そして「習慣は意志と自然との比例中項」であり、「習慣においては自然と自由とが一つであり、受動性と能動性とが一つである」とも述べている[21]。その意味で、「パトス」と「ロゴス」との統合を実現するものとして「習慣」というものが重視されていることが理解できる。

アリストテレスの教育論においても「習慣」は重要な意義を担っている。生得の能力が現実的になるのは、それを働かせるからである。人は建築することによって建築家となり、竪琴を弾くことによって竪琴弾きとなる。「徳」のある人間になるためには正しいことを為さなければならない。為すことによって、人間は「可能性」を「現実性」へともたらす。人間は為すことにおいて学ぶのであり、繰り返し為すことによって「習慣」を得る。行為は「習慣」によって固められ性格的なものとなる。そこに教育における「習慣」の重要性がある。「習慣」は教育によって形成されたものを「自然」的なものとすることによって完成する。「自然」に反することを「習慣」づけることはできないが、「自然」のままでは優れた意味での「徳」は得られない。言い換えると「習慣」は、「自然」とその完成態である「ロゴス」とを媒介するものであると三木は解釈する。

逆にいうと、「ロゴス」は「習慣」と対立するものではなく調和するものでなければならないということであろう。たとえば、アリストテレスは講義が聴き手に与える効果は、聴き手の「習慣」に依存するとしている。単に論理的にみれば講義の内容は同一であっても、「数学的な精密さを求める者」か、「具体的な例を求める者」か、「詩人の証拠を求める者」か、によって、それぞれ話し方を変えなければならない。人は自分の「習慣」になっているような仕方で話されることを要求するのである。その場合、「ロゴス」は硬直したものではなく、そのつど「習慣」に即応していくものでなければならない。

最後に、「ロゴス λόγος」そのものについてみてみたい。

これまで「自然」と「習慣」についてみてきたが、アリストテレスによれば、教育はその固有な意味では「自然」でも「習慣」でもなく「ロゴス」であるという。先にみたように、教育とは最終的には人間の「ロゴス」的本質を実現せしめることなのである。

特に、アリストテレスは「ロゴス」というものを教育するものと、される者との関係においてとらえている。「可能性」と「現実性」という対比でいうならば、「ロゴス」とは「現実性」に対応しているが、その本質においては「現実性」は「可能性」よりも先なるものである。したがって、すでに「現実性」を知ったもののみが他人を動かす教育家となりうる。

すでに述べたように、教育は「可能的」なものが「現実的」なものになるという意味で一つの「運動」であり「生成」であるが、その運動の原因は教育される者自身の内にではなく、他の者すなわち教育家にある。その際、教育される者と教育家とをつなげるものが「ロゴス」である。すなわち、教えることは「言葉を通じて、他の人の理性に訴え、彼を啓発すること」であり、逆に教えられるとは「他の人の言葉を聴き、自己の理性に於て納得すること」

である。

このように、教育はその運動の原因が自己自身の内にない「生成」という意味で、「技術 τέχνη」による「生成」であり、言い換えると「制作 ποίησις」である。通常、「技術」や「制作」とは、人間が外部に働きかけて物を造ることであるが、ここでは教育家が教育される者に働きかけることを意味している。

教育される者のうちにある「自然」と、教育する者のうちにあって教育の原理となる「ロゴス」とが一体となったときに「自然」と「技術」との統一をみることができる。教育においては「自然」と「技術」がいかにして統一されるかが問題となる。アリストテレスは両者を区別しながらも、「自然」的なものを「技術」的に、「技術」的なものを「自然」的なもののように理解している。

ただし、教育においては「生成」の目的は、あくまでも「ロゴス」であり、「生成」に留意しながらも、全体としては「ロゴス」によって指導されなければならない。しかし、人間は純粋に理性的な存在ではなく、多くの欲望に満ちている。したがって教育においては命令と力と罰によって欲望を制限させる「訓育 κολάζειν」が必要である。それは、もろもろの欲望に節度を与え、そのうちに秩序を生ぜしめる。「ロゴス」は我々の欲望に正しい秩序を与えるものである。

そう考えると、「ロゴス」は相手の「習慣」に合わせる柔軟さをもちながらも、その根底にあっては、「正しい秩序」を与えるものとされているのである。

（2）「ヒューマニズム」としての教育

以上のように、アリストテレスは、教育家が教育される者に働きかけるという点からみたときの「技術」的な性格を強調する。しかし、いうまでもなく最も重要なのは、教育される者がどう変化するかということである。

そうした観点からみたとき、アリストテレスは、技術的な「制作 ποίησις」と倫理的な「実践 πρᾶξις」との違いも強調している。運動の原理についても目的についても結果についても、「制作」が外在的であるのに対して、「実践」は内在的である。すなわち「実践」においては、行為する人間そのものが一定の性質を有するようになることが要求される。教育も教育されるものが「実践」によって有徳の人となるということが最終的な目的である。

そして、こうした「徳」というものは、知性、意志、感情にわたる「全人的」なものに関わる。それは「ひととなり」全体の「ヘクシス ἕξις」（習性）である。しかも、三者の調和は単なる均衡ではなく、「ロゴス」が人間性を貫徹し、支配することによって達せられる。

三木は、こうしたアリストテレスの教育思想を「ヒューマニズム」の教育思想とよぶ。そのことを説明するために、『政治学』第三巻第十一章の医者に関する記述を引用している。そこでは医者について「実際に行う者」、「指導し或いは命令する者」、「教養ある者」の三者に分けている。「実際に行う者」は実際に仕事をする者であって、職人、労働者のことである。「指導し或いは命令する者」は彼らの棟梁であり、「ロゴス」によって制作的活動を行う者である。しかし、彼らもいまだ「教養ある者」ではない。ギリシアの「ヒューマニズム」的教育の理想によれば、職業的目的に向けられた「知識」と「教養」とは区別される。自由人は「自由な学芸」に携わらなければならない。専門の闘技者になるために体育をし、専門の音楽家になるために音楽を学んではならない。「教養」は「道具」ではなく、よい意味での人間の「装飾」である。「教養」は多面的でなければならない。それは魂にとって多くの視るもの、聴くものに基づく「魂の祝祭」でなければならない。ただし、それが統一を欠い、浅薄に流れてはならない。

こうした「教養」は人間にとって普遍的なものであり、人間にとって固有なもの、すなわち「ロゴス」のうちに求められるという。ここでは、「ロゴス」が画一的なものではなく、多面的な側面をもつことが強調されている。

当時、三木は日本のファシズムの特徴が個人主義を否定し、「ヒューマニズム」を抑圧しようとするところにあると批判し、「新しいタイプ」の人間をめざす「ヒューマニズム」の復権を説いていた。たとえば、評論「ヒューマニズムの現代的意義」(一九三六年)では、ルネサンス時代のヒューマニストたちが「彼らの古典的教養において中世的封建的伝統に対する武器を見出した」[22]としている。三木がアリストテレスの教育論の「ヒューマニズム」的性格を強調するのも、暗に当時の日本の現状を批判しようとする意図があるものと思われる。

以上のように、三木はアリストテレスの哲学をさまざまな点で評価するが、ただし、一般的にはアリストテレスの哲学は観想的性格が強いということがしばしば指摘される。事実、アリストテレスには、「制作」→「実践」→「観想θεωρία」というヒエラルキーがある。そこでは最高の「実践」は「観想」にあるとされている。そして、「観想」に基づく「知性的徳」は「倫理的徳」よりも高いとされている。

ただし、三木の解釈によれば、「観想的生活」は身体をもった人間の水準を超えており、それはある神的なものが人間の内に存する限りにおいて成り立つのだという。「知性的徳」が神的なものであるのに対して、「倫理的徳」こそが特に人間的なものであり、「パトス」を有する人間にとっての「徳」である。「倫理的徳」の本質とされる「中μέσον」とは、単なる両極端の中間という意味ではなく、「パトス」と「ロゴス」との調和としての「中庸」だとする。

当時の三木は「東洋的論理」が「観想」的性格をもっていることをしばしば批判している。同様の性格をアリストテレスに見出しながらも、アリストテレスの哲学はそうした側面だけではないことをここで三木は強調していると思われる。

(3) 国家と教育

先に、アリストテレスが教育には欲望を制限する「訓育κολάζειν」というものが必要であるとしたことを紹介した。具体的にいうと、子供はまず家父の命令に従わなければならない。しかし、家父の命令は拘束力をもたない。そのために、拘束力をもった「法律νόμος」が必要である。したがって、教育は何よりも国家の仕事となる。ただし、教育は権威を伴わなければならないとはいえ、その本質は単に「力」にではなく、「ロゴス」にある。「法律」の究極の源泉は「ロゴス」である。

この場合の「ロゴス」とは、正と不正、善と悪とを弁別する「言葉」のことである。「言葉」は単なる「声」ではない。快苦を表現するだけの「声」であれば、動物も有している。人間の「言葉」は正と不正、善と悪とを弁別することができる。ひとり人間のみが、こうした意味での「ロゴス」を有している。そして、こうした「ロゴス」の共同が国家を作るのである。国家は単なるコンヴェンションの産物ではなく、人間の本性に根ざしたものである。教育が国家の任務とされるのは、そうした意味で、人間が勝れて社会的動物だからである。

ただし、アリストテレスは人間を単に社会的なものとしてのみ考えたのではない。「ロゴス」は社会の基礎であるが、同時に個人生活の自足の基礎でもある。「ロゴス」によって「観想的生活」が与えられる。しかし、それは社会を必要としないという意味ではない。自足的であることによって社会を必要としないものは獣か神であるという。三木によれば、アリストテレスは単なる個人主義と国家主義とのいずれをも採らないのである。

国家の目的は個人を単に道具として自己に従属させることではなく、かえって個人がその本質を発揮する独立の道徳的人間として完成するようにさせることにある。国家は個々人が幸福になるために教育の任務を負うのである。国家のなすべき教育は、とりわけ「倫理的徳」への教育であるが、「知性的徳」に関しても無責任ではない。スパルタは戦争において卓越していたが、閑暇を利用することを学ばなかったために、戦争に勝利しても内的な支持を得られなかったという。ここには、当時の日本への三木の批判が込められているといえよう。

以上のように、アリストテレスは教育を最終的には国家の仕事としたが、単に国家にのみ属すると考えたわけではない。他方で、家族や友情関係における教育的効果の重要性も指摘している。

家族は「自然」的には国家よりも先なるものである。家庭における「自然」の愛が、教育の基本である。その点、家族という概念を否定したプラトンの国家論を批判している。ただし、家庭における教育は公共的に、それ故に国家によって規制されなければならないとする。

なお、私的な関係でありながら、公共的なものへの移り行きを準備するものとして、「友情 φιλία」というものも重要であるとされているが、そこには教育的関係も含まれているという。アリストテレスの場合、「友情」の概念は今日よりもはるかに広く、親子、夫婦、兄弟の間にも「友情」があるとされる。また、さまざまな「国制」にも「友情」は存在するとしている。

さて、以上のように、アリストテレスによれば、教育は国家のみの仕事ではないにせよ、最終的には国家の責務とされている。しかし、それが「ロゴス」に反した強圧的なものであってはならないとしている。こうした点に三木が特に注意を向けているのは、三木が当時の日本政府の教育行政に強い懸念を抱いていたからである。そのことは、彼自身の教育関係の評論を読むとよく理解できる。

たとえば、「教育の権威」（一九三七年）では、文部大臣の地位が軽視され、教育の権威が失われていることを批判しているが、結局それは、教育が他の政治目的に左右されていることへの批判である。

教育は国家百年の大計などといわれるように、その時々の政府の都合に支配せられるべきものではなくして、将来の国民を作る立場から考えるべきものである。(23)

教育の権威が確立されるためには、教育者がもっと自主的になることが必要であり、その時の権力、勢力に対して毅然として起ち、自己の見識に従って教育を行う覚悟が必要であるとしている。

教育は将来活動すべき人間を作るのであるから、社会の将来あるべき姿、国民の将来あるべき姿というものについてはっきりとした考えをつかむことが重要であるが、現在の国民精神総動員は官吏主導であって、そこに教育者の自主的な力がほとんどみられないと批判している。

また、「教育審議会への期待」（一九三七年）は当時の近衛内閣の教育改革への三木の提言であるが、「教育のファッショ化」、「教育の政治化」に強い懸念を示している(24)。

さらに、「新文相への進言」（一九三八年）は荒木貞夫新文相への進言であるが、彼が着任の際、西田幾多郎と狩野直喜の私宅を訪問して意見を聴いたことを評価しながらも、教育には「考えの深さを作るような思想」が必要であり、現在、一時の興奮から思想の貧困が生じつつありはしないかと釘をさしている(25)。

以上、三木の哲学における「ロゴス」観の深まりと、それを三木が教育の問題にどう活かそうとしたかを振り返ってきた。三木の「ロゴス」観の根本をなす考え方は、「ロゴス」というものが、人間の最も根底的な「基礎経験」から生まれてくるものだということにある。ただし、当初三木は「ロゴス」を結局は「基礎経験」に対する桎梏となるものとみなしていた。しかし、やがて「ロゴス」のもつ論理的な役割の重要性に気づくようになる。ただし、それは「ロゴス」を抑圧的なものと考えたということではない。「構想力」の哲学では、「ロゴス」的なものは「パトス」的なものと不可分な関係にある創造的なものだと考えるようになる。しかも、「ロゴス」は他者との対立と協調のなかでその能力を発揮するものとされている。

こうした「ロゴス」概念の展開を踏まえて、それを教育の分野に適用させたものが、三木の教育論であったといえよう。

注

（1）三木哲学の概要に関しては、拙著『日本の哲学をよむ——「無」の思想の系譜』（ちくま学芸文庫、二〇一五年）の第五章を参照。
（2）『三木清全集』第三巻、岩波書店、一九六六年。
（3）『三木清全集』第六巻、岩波書店、一九六七年。
（4）『三木清全集』第一〇巻、岩波書店、一九六七年。
（5）三木の一連の文学論に関する詳細は、拙稿「虚無からの形成力——三木清における「構想力」論」（『日本の哲学』第二号、昭和堂、二〇〇一年）を参照。
（6）『三木清全集』第一二巻、岩波書店、一九六七年。
（7）前掲書。
（8）前掲書。
（9）『三木清全集』第八巻、岩波書店、一九六七年。
（10）三木の「修辞学」論に関する詳細は拙稿「京都学派の他者論——和辻・三木・西田」（『「おのずから」と「みずから」のあわい——公共する世界を日本思想にさぐる』東京大学出版会、二〇一〇年）を参照。
（11）『三木清全集』第五巻、岩波書店、一九六七年。
（12）前掲書、一四〇頁。
（13）前掲書、一四三頁。
（14）前掲書、一四五頁—一四六頁。
（15）前掲書、一四七頁。

(16) 前掲書、一四七頁。
(17) 前掲書、一五〇頁。
(18) 前掲書、一五二頁。
(19) 前掲書、一五三―一五四頁。
(20)『三木清全集』第八巻、六頁。
(21) 前掲書、一一二―一一四頁。
(22)『三木清全集』第一三巻、岩波書店、一九六七年、二八四頁。
(23)『三木清全集』第一五巻、岩波書店、一九六七年、二〇八頁。
(24) 前掲書、二三一頁。
(25) 前掲書、二五七頁。

あとがき

本書の原稿が揃った頃、私は妻を誘って、最近注目している劇団チョコレートケーキの芝居『ドキュメンタリー』を観に行った。この作品は薬害エイズ問題という歴史的な事実をモチーフにしたフィクションである。戦中にマルタと呼ばれる被験者を使って人体実験を繰り返した「七三一部隊」に属していた人々が、戦後「グリーン製薬」の創立メンバーとなり、彼らにおける、戦中からの、人間を「マテリアル」として捉えてしまう倫理観の欠如が戦後の医学界に連続し、こうした薬害エイズ問題が起きたのだということが、フリーのジャーナリストによる製薬会社社員と製薬会社創立メンバーへの聞き取りによって明らかにされていくというストーリーである。

一時間三〇分弱の三人芝居であったが、私たちは大いに引き込まれ、劇場を出た後近くの喫茶店に入って、一時間以上この作品のことをあれこれと語り合った。作品の面白さはもとより、冒頭、ジャーナリストが製薬会社社員に麦茶を出す時にこぼしてしまうのだが、これは脚本にあったことなのかトラブルだったのかということ、あるいは、元研究員の男性の、知への欲望、知の追究は倫理観を失わせる、といった台詞から考えさせられたことなど、多岐に及んだ。

帰宅してから、これが、私が序論や第三章で述べた「アートのシャワーを浴びる」ということなのかな、と思った。別のいい方をすれば「虚構に遊ぶ」ということなのかもしれないが、私たちは、この『ドキュメンタリー』から、何かを露骨に「教えられた」「押しつけられた」わけでもなく、かといって観劇後自由に語ることを求められたわけでもない。自然とそうなったのである。この作品は、薬害エイズ問題という、かつての社会問題を再度告発しようという強いメッセージが台詞や役者の挙動に示されていたわけではない。まさに「事実」の断片をつなぎあわせるところにフィクションを用い、そうした見立てをしたとき、一つには、知の追究が人間から倫理観を奪い去っていくという、時代を問わない普遍的な問題が浮かび上がるのである。

比較のために以前の経験を挙げておくと、作者ないしは演出家による、今日的な社会問題に対するメッセージがかなり明示的に物語の展開に顕在化した舞台も観劇したことがある。これは、ある差別問題を扱った内容だったが、実は観ていてあまり良い気持ちのしないものだった。ニュースや新聞で知っている「事実」が組み合わされて物語が構成されていたが、「こういう差別は問題だ！」という背後の作者、演出家のメッセージに対して、その告発自体は正しいので、それはそうだよね、と思うのだが、それ以上なにも考えることがないのである。物語の後半部にようやく明らかなフィクションが入ってきて、この場面では文字通り手に汗握って観劇していたのだが、恐らくこの芝居からは「アートのシャワーを浴びる」、あるいは、「虚構に遊ぶ」ことができなかったのであろう。

本書が、今日的状況に対して立ち位置の難しい本だというのは、序論に述べたとおりなのだが、その難しさは「アート」をタイトルに用いておきながら、「アート」の定義を棚上げにしているところにもあるかもしれない。だが、これは半ば意図的なものである。私の用いた「詩的な言葉」にしても、「詩」の定義をしてはおしまいであるし、そもそもそれは不可能である。私たちは、こういう詩がある、というようなモデルを「浴びせる」しかない。「アート」が定義できれば、『ドキュメンタリー』と、後者のあまり感動できなかった芝居の違いも明瞭に語れるのだが、今の私には、こうしたことしかいえない。石黒広昭は「アートに求めるのは既存の価値観に対する疑いのまなざしであり、再評価である」（石黒広昭「はじめに」石黒編『街に出る劇場――社会的包摂活動としての演劇と教育』新曜社、二〇一八年、ii頁）というが、いずれにせよ、私たちが『ドキュメンタリー』という演劇から、既存の価値観に対する疑いのまなざしを得られたことは、間違いないだろう。本書は、あらゆる地点から「アートのシャワーを浴びる」、「虚構に遊ぶ」ということのケースが示されているように思われるが、ではそれがいかような意味内実を有するものであるのかは、現時点では、今後さらに追究していきたいという逃げ口上を述べるにとどまらざるを得ない。あるいは、そもそもそのこと自体困難なことで、私たちとしては「ケース」の提供を重ねていくしかないのでは、ということも考えているところである。

ところで、先に挙げた『ドキュメンタリー』に登場した、元医療会社研究員の男性は、七三一部隊で人体実験を繰り返していくうちに、人間を人間としてみられなくなり、グリーン製薬入社後、あるとき、昔だったらこの患者のお腹をすぐに切ってすぐに中を見られたのに、と考えてしまったのがきっかけで、会社を辞めたいと思うようになった、というようなことを（記録しながら観劇していなかったので実際の脚本では少々ニュアンスが異なるかもしれない）述べていた。これが、知の探究が人間の倫理感を欠落させた一つの具体として示されるのだが、本書がこの問題を引き受ければ、「知」そのものの捉え直しをするべきだということがいえるだろう。

それはすなわち、明瞭で即効性のある「知」ではなく、本書の執筆者の多くが形を変えて述べていた、言葉になる以前の何か、とも呼べるものこそを「知」として位置づけ直すことである。第一章で柴山英樹が論じたところによれば、教師としてのパウル・クレーは、私なりの言葉でいいかえれば、バウハウスの生徒に「ほのめかし」を行っていたわけである。ほのめかされているので、生徒には即座にクレーのメッセージは伝わらないが、彼の死の経験から、その、眠っていたほのめかしの「知」が甦ったのであった。

「プログラミング的／論理的」思考は、無駄や冗長性を省き、効率的に表現することに価値が置かれているというのには異論のないところであろう。繰り返しになるが、これがいけない、いらないといっているのではない。しかしながら、本書で論じられたことは、まず論理、なのではなく、まず「ほのめかし」なのではないか、という一つの提案でもあった。序論で触れた新井紀子も、恐らく一方が必要でもう一方は不要、とは思っていまい。まず「論理」なのか、まず「ほのめかし」なのかが、新井と本書の立場のズレなのではないだろうか。

ちなみに、本書の構成自体も「ほのめかし」のコミュニケーションによるものとなっている。私は本書の刊行決定後、序論の原形となる文章を先んじて書き上げ、これを執筆者に送付した。大まかなコンセプトは全員で共有していたが、この序論によって、本書が問題としようとしていることが、改めて執筆者に知らされたことになる。本書をお読みいただければわかるように、私の序論に対して、それをどう思ったかとか、賛成か反対かとか、明確な反応が書いてあるわけではない。執筆者諸氏は、私の序論を「ほのめかし」としてひとまず引き受け、自身の関心に引きつけながら各々の章の内容として広げていったというのが、相応しいいい方だろう。それゆえ、私の描いたコンセプトのようなものに閉じ込められず、しかし一冊の本としてのまとまりは維持するかたちで論を展開されたことは、私にとっては、とても嬉しいことだった。結果、本書は「ほのめかし」の本となったが、それぞれの執筆者の「ほのめかし」を味わっていただければと思う。

もう一つ、本書の特徴めいたことをつけ加えておくならば、本書の執筆者たちは、恐らく、従来の自身のしごととは違う、新しいふるまいを本書で試みているように思う。もともとは科研主催の講演会講師としてお招きした、森田亜紀氏と田中久文氏には、お二人が従来明示的に論じたことのない「教育」を意識した論稿をお願いすることとなったし、その他の編者四人の論稿も、従来の専門をもとにしつつ、新しい挑戦を行っている。このこともお酌みとりいただきながら、本書を楽しんでいただければと願っている。

編者四名による科研プロジェクトの遂行と本書の成立は、定期的に研究会にお招きして講演していただいた皆さんから得られた示唆なしに語ることはできない。本書の執筆にも参画してくださった森田亜紀氏と田中久文氏には改めて謝意を表するとともに、その他、この三年のあいだに、ご多忙のなかご講演頂いた、古田徹也、伊藤亜紗、岡田美智男、井谷信彦の各氏（依頼順）に心より御礼申し上げる次第である。

また、最初の科研から数えれば約六年のあいだ研究交流を続けていたのが、今井康雄氏率いる、通称「モノ科研」の方々である。編者の一人である山名淳が双方の科研に参加していたことが機縁となって、二〇一五年秋の教育哲学会において、二つの科研がコラボしたラウンドテーブル「教育活動における言葉とモノ」も実現することができた（その報告は同名の研究状況報告として『教育哲学研究』第一一三号、二〇一六年に掲載されている）。ともに発表させていただいた今井氏、小松佳代子氏、眞壁宏幹氏は、私たちの科研の研究会にもたびたびご参加くださり、貴重なご意見を頂いている。ここに記して御礼申し上げたい。

御礼を申し上げたい身近な方をもう一人。本書の表紙に用いられた絵画は、私の前任校である滋賀大学在職中に親しくお付き合いいただいた同僚であり、二〇一六年度からは再び立教大学で同僚となった大嶋彰氏の手によるものである。氏は、始まりと終わりのみえない、そして私にはどこか東洋の水墨画の匂いも感じさせる抽象画のシリーズを発表されているが、まさに本書のコンセプトをアートで語るかのごとき作品で表紙を飾ることをお許しいただいた。大嶋氏が「造形表現」の授業で言語を語り、私が「国語科教育論」でアートを語るという不思議な関係が学生を困惑させているようだが、これからも可能な限り、謎のコンビネーションで学生を困惑させ続けたいと思っている。

本書刊行のきっかけをつくっていただいたのは、晃洋書房の井上芳郎氏である。以前に書いた拙論をお読みになって声をかけてくださったのだが、研究者ではなく、出版社の編集の方が関心を示してくださったことは、私には大変有り難いことであった。わざわざ京都から私の研究室を訪ねてくださり、出版の計画をお話ししてから大分時間がたってしまったが、井上氏の伴走によって本書を無事刊行できたことに御礼申し上げるとともに、今後も本書のような挑戦的な書を一緒につくらせていただければと願っている。

先ほどから述べているように、本書を読了しても、序論に掲げられた問いにもれなく応えられているとは思えない。多くの課題が積み残されているが、今後もこの科研メンバーで、多くの方のご支援を頂戴しながら、さらに研究を進めていきたいと考えている。本書への忌憚なきご意見、ご批判を頂ければ幸いである。なお、ここまで読めばいうまでもないことだが、本書は科学研究費補助金基盤研究Ⓒ16K04710の助成によって得られた研究成果である。前回の科研も、この科研も学習指導要領のキーワードとなっている「言語活動」が研究テーマとなっていたので、私たちの科研は、先の「モノ科研」に対して「言語活動科研」と呼んでいたのだが、子どもの「言語活動の充実」が、ただ教室で話し合い活動を増やすというような形式的なことではなく、より原理的に、子どもの言葉による表現活動が、いかように彼らに新しい認識をもたらすためのトリガーとなるかを考察してきた。そのひとまずの研究成果が、本書のタイトルとなった言葉とアートを「つなぐ」ということであった。この「つなぎ」を学校でどのように実現していけるかが、今後の課題である。

二〇一八年九月三〇日

編者を代表して　渡辺哲男

《執筆者紹介》（執筆順、＊は編著者）

＊渡 辺 哲 男（わたなべ　てつお）序論、第三章、あとがき

1977年埼玉県生まれ．日本女子大学大学院人間社会研究科教育学専攻博士課程後期単位修得満期退学．博士（教育学）．日本女子大学人間社会学部助手，同助教，滋賀大学教育学部講師などを経て，現在，立教大学文学部教授．主著に『「国語」教育の思想――声と文字の諸相』（勁草書房，2010年），『言語と教育をめぐる思想史』（分担執筆，勁草書房，2013年），『哲学する道徳――現実社会を捉え直す授業づくりの新提案』（分担執筆，東海大学出版部，2017年）など．

＊柴 山 英 樹（しばやま　ひでき）第一章

1976年神奈川県生まれ．日本大学大学院文学研究科教育学専攻博士後期課程満期退学．博士（教育学）．聖徳大学人文学部講師，同児童学部准教授などを経て，現在，日本大学理工学部教授，同大学院総合社会情報研究科教授．主著に『シュタイナーの教育思想――その人間観と芸術論』（勁草書房，2011年），『言語と教育をめぐる思想史』（分担執筆，勁草書房，2013年），『哲学する道徳――現実社会を捉え直す授業づくりの新提案』（分担執筆，東海大学出版部，2017年）など．

＊勢 力 尚 雅（せいりき　のぶまさ）第二章

1969年福岡県生まれ．東京大学大学院人文社会系研究科博士課程単位取得退学．博士（文学）．現在，日本大学理工学部教授．主著に『経験論から言語哲学へ』（共著，放送大学教育振興会，2016年），『科学技術の倫理学Ⅱ』（編著，梓出版社，2015年），『科学技術の倫理学』（編著，梓出版社，2011年）など．

＊山 名　　淳（やまな　じゅん）第四章

1963年鳥取県生まれ．広島大学大学院教育学研究科博士課程単位取得退学．博士（教育学）．神戸市外国語大学外国語学部講師，東京学芸大学教育学部准教授，京都大学大学院教育学研究科准教授などを経て，現在，東京大学大学院教育学研究科教授．主著に『災害と厄災の記憶を伝える――教育学は何ができるのか』（共編著，勁草書房，2017年），『都市とアーキテクチャの教育思想』（勁草書房，2015年），『夢幻のドイツ田園都市』（ミネルヴァ書房，2006年）など．

森 田 亜 紀（もりた　あき）第五章

1954年京都府生まれ．神戸大学大学院文化学研究科博士課程修了．学術博士．倉敷芸術科学大学芸術学部専任講師，同助教授，同教授を歴任，2015年同退職．主著に『芸術の中動態　受容／制作の基層』（萌書房，2013年）．

田 中 久 文（たなか　きゅうぶん）第六章

1952年埼玉県生まれ．東京大学大学院人文科学研究科博士課程単位取得退学．博士（文学）．現在，日本女子大学名誉教授．主著に『九鬼周造――偶然と自然』（ぺりかん社，2001年，第１回中村元賞受賞），『日本美を哲学する――あはれ・幽玄・さび・いき』（青土社，2013年），『日本の哲学を読む――「無」の思想の系譜』（ちくま学芸文庫，2015年）など．

《表紙カバー作品の作者紹介》

大 嶋　　彰（おおしま　あきら）

1951年新潟県生まれ．東京藝術大学大学院美術研究科修士課程・絵画専攻修了．上越教育大学，滋賀大学教育学部を経て，現在，滋賀大学名誉教授，元立教大学文学部特任教授．近著に『美術教育学叢書Ⅰ　美術教育学の現在から』（分担執筆，美術科教育学会，2018年），また1970年代末より個展，グループ展等で多数作品発表を続けている．

表紙カバー作品

《絵画の襞Ⅳ 17-L03》291.0×218.2cm　キャンバスにアクリル，油彩，蜜蝋　2017年

《絵画の襞Ⅳ 18-L05》259.0×194.0cm　キャンバスにアクリル，油彩，蜜蝋　2018年

言葉とアートをつなぐ教育思想

2019年 4 月20日　初版第 1 刷発行
2021年10月25日　初版第 2 刷発行

＊定価はカバーに
表示してあります

編著者　渡辺哲男　山名淳　勢力尚雅　柴山英樹 ©
発行者　萩原淳平
印刷者　河野俊一郎

発行所　株式会社　晃洋書房
〒615-0026　京都市右京区西院北矢掛町 7 番地
電話　075(312)0788番(代)
振替口座　01040-6-32280

装丁　㈱クオリアデザイン事務所　　印刷・製本　西濃印刷㈱
ISBN 978-4-7710-3162-3

JCOPY 〈㈳出版者著作権管理機構 委託出版物〉
本書の無断複写は著作権法上での例外を除き禁じられています．
複写される場合は，そのつど事前に，㈳出版者著作権管理機構
（電話 03-5244-5088，FAX 03-5244-5089，e-mail:info@jcopy.or.jp）
の許諾を得てください．